Für helle und dunkle Tage

Für helle und dunkle Tage

Texte aus dem Alten Testament

Übersetzt von Fridolin Stier

Geordnet und herausgegeben von Eleonore Beck und Gabriele Miller

Kösel

ISBN 3-466-20385-6

Druck und Bindung: Kösel, Kempten
Umschlag: Kaselow Design, München
Umschlagmotiv: ZEFA Düsseldorf / B. Peterson

1 2 3 4 5 6 · 99 98 97 96 95 94

Gedruckt auf umweltfreundlich hergestelltem Werkdruckpapier (säurefrei und chlorfrei gebleicht)

Inhalt

Was ist das für ein Buch?

Ein Lesebuch mit Texten aus dem Alten Testament, Einzelabschnitte, aus verschiedenen biblischen Büchern ausgewählt und zusammengebündelt, durch Überschriften orientierend gegliedert – das ist es, was Sie in diesem Buch erwartet.

Die zwölf Kapitel folgen dem Jahreslauf; doch das heißt nicht, daß 365 Tage kalendermäßig aufgelistet werden. Damit ist für Sie als Leser ein Signal gegeben: Sie »müssen« das Buch nicht jeden Tag zur Hand nehmen! Wann immer Sie Zeit und Lust haben, können Sie danach greifen. Haben Sie sich durch Alltagsgeschäfte eine Zeitlang vom Lesen und Nachdenken abhalten lassen, können Sie die Lektüre wieder aufnehmen, wann und wo Sie wollen, ohne schlechtes Gewissen, weil Sie das vorgedruckte »Soll« nicht erfüllt haben.

Die einzelnen Kapitel sind durch Zwischenüberschriften lose gegliedert; die Kopfleisten jeweils auf der rechten Seite des Buches zeigen die Spur an, durch die Sie sich führen lassen können. Weitere Orientierung geben die Überschriften zu den Einzeltexten. Sie wur-

den mit Bedacht gewählt – oft ein Zitat aus dem nachfolgenden Text – um die vielfältigen Möglichkeiten der Begegnung zwischen Wort und Leser/Hörer nicht zu gängeln oder einzuengen. Biblische Botschaft ist vielstimmig, offen für Deutung. Beim Lesen, Nachdenken, Wiederlesen eines Abschnitts oder einzelner Verse kann Ihnen ganz anderes wichtig werden.
Die Auswahl der Texte mag Ihnen ungewohnt erscheinen. Vergeblich suchen Sie nach Erzählungen und Geschichten, etwa von den Stammvätern oder den Königen. Der Niederschlag von Erfahrungen der Großen Israels mit ihrem Gott und ihrer Welt begegnet Ihnen hier in Redetexten, in Lobgesängen, Klageliedern, Drohworten, Ermutigungen, Anfragen: Stimmen von Glaubenden, Zweifelnden, Verzweifelnden und dennoch an Gott sich festhaltenden Menschen.
Am ehesten sind Ihnen wohl einzelne Psalmen vertraut, vielleicht auch manche Prophetenworte: vom Hören im Gottesdienst. Andere Abschnitte aus Prophetenbüchern haben Sie möglicherweise noch nie wahrgenommen; den Worten des Propheten Jeremia ist breiter Raum gegeben. Und wie steht es mit Ihrer Kenntnis des Buches Ijob, in dem das menschheitsalte Problem des Leidens thematisiert wird? Keine leichte Kost! Von ganz anderer Art, unerwartet in dieser Umgebung – und doch legitim biblisch – ist die Freude am Menschsein und am Lieben, die Ihnen aus dem Hohenlied entgegenklingt. Ein Jahr mit alttestamentlichen Texten, ein Jahr, in dem die vielfältige Fülle des Lebens zur Sprache kommt.

Dem Kapitel »Tag um Tag« (I) zu Beginn des Buches entspricht das letzte: »Jahr um Jahr« (XII): Kurze Texte, Psalmen und Prophetenworte begleiten Sie.
Daß der Prophet Jesaja Sie durch »Advent und Weihnachtszeit« (II) führt, mag Sie nicht verwundern. Prophetische Texte sind Ihnen auch »Zwischen den Jahren« (III) zu bedenken gegeben.
Dann wird Sie – »Wenn der Winter dauert« (IV) – die von jeher ungelöste Ur-Frage beschäftigen: Warum leidet der Mensch? Diesem Ijob werden Sie gegen Jahresende »In dunklen Tagen« (XI) noch einmal begegnen. Einem Ijob freilich, der sein Schicksal mit anderen Augen sieht.
In der österlichen Bußzeit, der »Zeit zur Umkehr« (V), sind Sie eingeladen, eine Gruppe von Psalmen und – am Ende des Kapitels – die sogenannten Gottesknechtslieder aus dem zweiten Teil des Buches Jesaja zu hören und zu beten.
Durch die »Osterzeit« (VI) bis über Pfingsten hinweg geleitet Sie wieder eine Auswahl aus verschiedenen Prophetenbüchern. Einem einzigen dieser unbequemen Mahner können Sie sich nach dem Urlaub zuwenden, um »Wider den Alltagstrott« (IX) anzugehen; es sind Ausschnitte aus dem Buch des Propheten Amos.
Einem der sogenannten »Großen Propheten«, Jeremia, sind zwei Kapitel gewidmet. »Bei Sonne und Regen« (VII) werden Sie vertraut mit Geschichte und Geschick des Jeremia, der um die Umkehr seines Volkes kämpft bis zum Untergang von Jerusalem. Im Kapitel »Herbst und Ernte« (X) treffen Sie noch einmal auf

Jeremia; in den hier zusammengestellten Stücken geht es mehr um die Gestalt des Propheten, die Tragik seiner Berufung, von der er doch nicht loskommt.
Ganz andere Töne – gewissermaßen ein Kontrastprogramm – hören Sie im Kapitel »Die fröhlich Sommerzeit« (VIII). Texte aus dem Hohenlied, die erweisen, daß in der Bibel nicht nur abgehoben, geistlich und fromm von der Liebe gesprochen wird.
Von der abgründigen Vielfalt menschlichen Lebens zeugen auch die Texte auf den Einleitungsseiten der zwölf Kapitel. Sie stammen aus den beiden Bänden, in denen Tagebuchaufzeichnungen des Alttestamentlers Fridolin Stier (1902-1981) veröffentlicht wurden (»Vielleicht ist irgendwo Tag« und »An der Wurzel der Berge«). Wer sich diesen Texten aussetzt, sich mit ihnen auseinander-setzt, kommt unweigerlich selbst ins Spiel, wird zum Nach-denken verführt.
Dazu trägt auch die Textgestalt von Stiers Bibelübersetzung bei. Ungewohnt und sperrig mitunter, widersetzt sie sich dem flüchtigen Überlesen. Vergeblich sucht man jene fromm-unverbindlich (gewordenen) Formeln, hinter denen sich, wer will, verstecken kann. Stier hat sich die Mühe des Übersetzens – des Hinübersetzens in unsere Sprache – nicht leicht gemacht. Das Ergebnis sind Texte, die frisch und neu klingen – Texte, die auch im Deutschen etwas von der Unangepaßtheit des Urtextes spüren lassen – Texte, die zum Innehalten anregen – Worte, in denen etwas vom WORT laut wird.

Eleonore Beck und Gabriele Miller

1 Alles hat seine Stunde
und eine Zeit ist gesetzt
allem Vorhaben unter dem Himmel.
2 Zeit zum Gebären, Zeit zum Sterben,
Zeit zum Pflanzen, Zeit zum Roden,
3 Zeit zum Töten, Zeit zum Heilen,
Zeit zum Brechen, Zeit zum Bauen.
4 Zeit zum Weinen, Zeit zum Lachen,
Zeit zum Trauern, Zeit zum Tanzen,
5 Zeit zum Steinewerfen, Zeit zum Steinesammeln,
Zeit zum Umarmen, Zeit zum Scheiden,
6 Zeit zum Suchen, Zeit zum Verlieren,
Zeit zum Bewahren, Zeit zum Wegwerfen,
7 Zeit zum Reißen, Zeit zum Nähen,
Zeit zum Schweigen, Zeit zum Reden,
8 Zeit zum Lieben, Zeit zum Hassen,
Zeit zum Kampf, Zeit zum Frieden.
9 Was hat der Werkende voraus,
dadurch daß er sich müht?

Kohelet 3,1-9

I. Tag um Tag

Zum Morgen sättige uns mit deiner Huld,
daß wir jauchzend uns freuen all unsere Tage.
Psalm 90,14

»Gott schreibt gerade auch auf krummen Linien« – ist leider nur das Alphabet noch nicht entziffert.
Dauernd in den roten Zahlen, und doch niemals pleite – die Firma heißt »Hoffnung«.
Um mit deinen Verhältnissen besser fertig zu werden, spricht die Hoffnung, mußt du über deine Verhältnisse hinausleben.
Von all den Hoffnungen, die sie begräbt, bleibt sie allein übrig: die Hoffnung.
Wer hofft, ist sich selbst immer um ein paar Schritte voraus.
Hoffen heißt von einem geheimen Versprechen leben.
Oder: Hoffen – im Unerfüllten von verheißener Fülle leben.
»Ich bin im Kommen«, sagte die Hoffnung zur »Realität«, die sich über sie lustig gemacht hatte, »du bist im Gehen«.

Fridolin Stier

Du unser Gott

Was ist der Mensch!

2 Jahwe, unser Herrscher,
wie hehr ist dein Name im All der Erde!

Der du an die Himmel gesetzt deinen Glanz,
3 aus der Kinder und Säuglinge Mund
hast eine Macht du gegründet
um deiner Widersacher willen,
stillzuhalten Feind und Rächer.

4 Wenn deine Himmel ich schaue,
das Werk deiner Finger,
Mond und Sterne, die fest du gestellt,
5 was ist der Mensch, daß seiner du denkst,
der Adamsohn, daß seiner du achtest!

6 Und ihn machtest du wenig geringer als Gott:
Mit Herrlichkeit hast du und Pracht ihn gekrönt,
7 hießest ihn walten des Werks deiner Hände,
hast das All ihm zu Füßen gelegt:
8 Schafe und Rinder allsamt,
auch des Feldes Getier,
9 des Himmels Vögel,
des Meeres Fische,
was da wandert die Pfade der Meere.

10 Jahwe, unser Herrscher,
wie hehr ist dein Name im All der Erde!

Psalm 8

Woher kommt mir Hilfe?

1 Empor zu den Bergen erhebe ich meine Augen:
Woher kommt mir Hilfe?
2 Wird mir Hilfe von Jahwe,
der Himmel und Erde gemacht?
3 Nie wanken läßt er deinen Fuß,
nie schlummert dein Hüter!
4 Ja, nicht schlummert, nicht schläft der Hüter Israels.

5 Jahwe ist dein Hüter,
Jahwe ist dein Schatten zu deiner Rechten.
6 Tags schlägt die Sonne dich nicht,
der Mond nicht bei Nacht.
7 Jahwe dich behütet vor allem Bösen,
er hütet dein Leben.
8 Jahwe behütet dein Aus und Ein –
von jetzt die Zeit hinfort.

Psalm 121

Wende die Wendung!

1 Als Jahwe Zion die Wendung zuwandte,
waren wir wie Träumende.
2 Damals – war voll des Lachens unser Mund,
unsere Zunge voll Jubels.
Damals – hieß es unter den Völkern:
Großes hat Jahwe an denen getan.
3 Großes hat Jahwe an uns getan:
In der Freude waren wir!

4 Jahwe, wende du doch die Wendung uns zu
wie den Bachbetten des Südlandes!
5 Die säen in Tränen, ernten in Jubel:
6 Da geht er, geht weinend dahin
und trägt den Beutel mit Samen.
Kommen wird er, kommen in Jubel
und tragen seine Garben!

Psalm 126

Er ordnet die Welt

1 Singt Jahwe einen neuen Sang,
da Wundersames er getan:
Sieg errang ihm seine Rechte,
sein heiliger Arm.
2 Seinen Sieg tat kund Jahwe,
den Augen der Völker enthüllt er sein Heil.
3 Er dachte seiner Huld und Treue
zum Hause Israel.
Es sahen die Erdgrenzlande alle unseres Gottes Sieg.

4 Jauchzt Jahwe, ihr Länder der Erde!
Seid fröhlich, jubelt, spielt auf!
5 Spielt Jahwe mit der Leier,
mit der Leier und hallendem Spiel,
6 mit Posaunen und hallendem Horn
jauchzt vor dem Antlitz des Königs Jahwe!

7 Das Meer erdröhne samt seiner Fülle,
das Festland samt seinen Sassen.

8 In die Hände klatschen sollen die Ströme,
die Berge jubeln allzumal
9 vor dem Angesicht Jahwes, da er kommt –
die Erde zu ordnen.
Er ordnet die Welt nach rechtem,
die Völker nach richtigem Maß.

Psalm 98

Bis wann, Gott!

1 Warum, Gott, hast du verstoßen für immer,
raucht dein Zorn auf die Herde deiner Weide?
2 Gedenke deiner Gemeinde, die du voreinst erworben,
ausgelöst hast als Stamm dir zu eigen,
des Berges Zion, wo du gewohnt.

3 Komm geschritten hochher
in den hindonnernden Trümmern,
alles hat im Heiligtum verdorben der Feind.
4 Gebrüllt haben deine Widersacher
drinnen, am Ort der Begegnung mit dir.
Zeichen haben sie, ihre Zeichen, gesetzt.
5 Man trifft sich, als gält es laut zu loben,
im Holzdickicht mit Äxten,
6 und nun zerhacken sie all dein Gezier
mit Beilen und eisernen Stangen.
7 Ins Feuer ließen sie dein Heiligtum fahren,
entweihten deines Namens Wohnstätte
bis auf den Grund.

[8]Sprachen in ihrem Herzen:
Zwingen wir sie gänzlich nieder.
Verbrannt haben sie alle Stätten
der Gottesbegegnung im Land.
[9]Zeichen sehen wir keine für uns,
kein Prophet ist mehr da,
und keiner mit uns, der wüßte bis wann.
[10]Wie lang, Gott, soll höhnen der Widersacher,
schmähen der Feind deinen Namen fortdauernd?
[11]Warum hältst du deine Hand zurück,
liegt deine Rechte im Busen verschlossen? Hör auf!

[12]Gott aber, mein König von uran,
Befreiungen wirkend inmitten der Erde:
[13]Du – verscheucht durch deine Kraft
hast du das Meer,
zerschmettert überm Wasser die Köpfe der Drachen
[14]Du – zermalmt hast du die Köpfe des Lindwurms,
zum Fraß hin den Haien gegeben.

[15]Du – zerspalten hast du Quelle und Bach.
Du – getrocknet allwährende Ströme.

[16]Dein ist der Tag, dein auch die Nacht.
Du – gefestigt hast du Leuchte und Sonne.
[17]Du – bestimmt hast du alle Grenzen der Erde,
Sommer und Winter, du hast sie gebildet!
[18]Dessen gedenke: Der Feind höhnt, Jahwe!
Verächtliches Volk schmäht deinen Namen!
[19]Gib nicht dem Wilden die Seele deiner Taube,
das Leben deiner Gebeugten vergiß nicht für immer.

20 Blick auf den Bund!
Denn voll sind die finsteren Schlüpfe des Landes
von Wehschrei der Gewalt.
21 Kein Zerschlagener kehre gekränkt zurück,
wer gebeugt und arm soll preisen deinen Namen!
22 Steh auf, Gott, streit deinen Streit!
Gedenke, Verächtliche höhnen dich all Tag.
23 Vergiß nicht den Lärm deiner Widersacher,
das Geschrei deiner Empörer,
das beständig emporsteigt!

Psalm 74

Von einem Versprechen leben

Hebt eure Augen

5 Nah ist mein Heil, mein Retten zieht aus,
nun richten meine Arme die Völker.
Meiner harren die Inseln, sie warten auf meinen Arm.

6 Hebt eure Augen zum Himmel,
blickt hinunter zur Erde:
Denn die Himmel verwehen wie Rauch,
die Erde verrottet wie ein Gewand;
ihre Bewohner sterben wie Mücken.
Mein Retten aber – in Weltzeit bestehts,
mein Heil – nie hört es auf!

7 Hört auf mich, ihr, kundig des Rechten,
du Volk, mit meiner Weisung im Herzen!
Fürchtet nicht den Hohn von Menschen,
vor ihrem Schmähn schreckt nicht zurück!
8 Denn wie ein Gewand zerfrißt sie die Motte,
wie Wolle zerfrißt sie die Schabe.
Mein Heil aber – in Weltzeit bestehts,
mein Retten – bis zur letzten der Zeiten.

Jesaja 51,5-8

Erkennst du es nicht?

18 Gedenkt des Früheren nicht,
des Einstigen nicht achtet!
19 Da – schon schaff ich Neues,
es sproßt, erkennt ihr es nicht?
Ja, in der Wüste leg ich einen Weg,
in der Ödnis Ströme.
20 Das Wild des Feldes mich verehrt,
Schakale und Strauße,
daß ich Wasser in der Wüste,
Ströme in der Ödnis gab,
mein Volk, mein erwähltes, zu tränken.
21 Das Volk, das ich für mich gebildet:
Meinen Ruhm soll es verkünden.

Jesaja 43, 18-21

Gottes rettende Tat

7 Wie beglückend über die Berge hin
des Freudenboten Schritte, der Heil hören läßt,
der Freudenbote des Guten, der Rettung hören läßt
und Zion ansagt: König ist dein Gott!

8 Ein Ruf! Deine Späher erheben den Ruf,
sie jubeln zumal, nun sie Aug in Auge schauen,
wie Jahwe nach Zion wiederkehrt.

9 Jauchzet, jubelt allzumal, ihr Trümmer Jerusalems!
Denn Jahwe tröstet sein Volk, erlöst Jerusalem.
10 Jahwe entblößt seinen heiligen Arm
vor aller Völker Augen,
und alle Enden der Erde schauen
unseres Gottes rettende Tat.

Jesaja 52,7-10

Kein Arg wird mehr sein

17 Wohlan denn:
Ich erschaffe neue Himmel und neue Erde.
Nicht mehr wird gedacht der ersten,
sie kommen nicht mehr in den Sinn.
18 Nein, jauchzt und jubelt fort und fort
ob dem, was ich erschaffe.
Denn siehe:
Ich erschaffe aus Jerusalem Gejauchz,
aus seinem Volk Frohlocken.

19 Dann jauchz ich ob Jerusalem,
frohlocke ob meines Volkes.
Und nie mehr ist in ihm zu hören
ein Laut des Weinens, ein Laut des Weheklagens.
20 Nie mehr soll es dort geben:
einen Säugling nur von Tagen,
und einen Greis, der seine Tage nicht vollendet.
Nein, jugendfrisch stirbt der Hundertjährige
und als Hundertjähriger wird der Sünder verflucht.
21 Und Häuser bauen sie, und wohnen auch drin,
Weinberge pflanzen sie, und essen ihre Frucht.
22 Nicht werden sie bauen, und ein anderer wohnt,
nicht pflanzen, und ein anderer ißt.
Denn wie des Baumes Tage sind meines Volkes Tage,
und was ihre Hände geschaffen,
werden verbrauchen meine Erwählten.
23 Sie mühn sich nicht ins Leere,
gebären nicht für jähen Schlag.
Denn Sämlinge sind sie der Gesegneten Jahwes,
sie und ihre Sprößlinge mit ihnen.
24 Dann wird geschehen:
Noch ehe sie rufen, antworte ich schon,
noch während sie reden, erhöre ich schon.
25 Wolf und Lamm – sie weiden vereint.
Der Löwe frißt Stroh wie das Rind,
und Erdstaub ist der Schlange Brot.
Kein Arg wird mehr und kein Verderben
auf meinem ganzen heiligen Berg getan –
spricht Jahwe.

Jesaja 65,17-25

Das Wort ist nicht leer

8 Denn: Meine Pläne sind nicht eure Pläne,
eure Wege sind nicht meine Wege –
Raunspruch Jahwes.
9 Denn: Wie erhaben die Himmel über der Erde,
so erhaben sind meine Wege über euren Wegen,
meine Pläne über euren Plänen.
10 Denn: Wie der Regen und der Schnee
vom Himmel niederfährt
und dorthin nicht wiederkehrt –
er habe denn getränkt die Erde,
gebären sie und sprießen lassen,
Samen dem Säenden
und Brot dem Essenden gegeben –

11 so ereignet sich mein Wort,
das von meinem Mund ausgeht:
Nicht leer kehrts zu mir wieder,
es habe denn getan, was ich gewollt,
zuweggebracht, wozu ichs ausgesandt.

Jesaja 55,8-11

Was sollen wir tun?

Erbarmen üben

8 Und es erging das Wort Jahwes an Sacharja:
9 So spricht Jahwe der Scharen:
Richtet dem Recht getreu,
übt Bundessinn und Erbarmen
ein jeder am Bruder.
10 Bedrückt nicht Witwen und Waisen,
Gastsassen und Arme.
Plant in eurem Herzen nichts Böses
wider den Bruder.

11 Doch verweigerten sie, zu horchen darauf,
stellten störrisch die Schulter,
steiften die Ohren, um nicht zu hören,
12 und machten diamanthart ihr Herz,
um nicht die Weisung zu hören,
die Worte, die mit seinem Geist entbot
Jahwe der Scharen durch die früheren Künder.
Und so kam großer Grimm von Jahwe der Scharen.
13 Und so kams: Wie er rief und sie nicht hörten,
so mögen sie rufen.
Ich höre nicht –
spricht Jahwe der Scharen.

Sacharja 7,8-13

Eigene Pläne lassen

1 Ach, ihr Dürstenden alle – kommt zum Wasser.
Auch wer kein Silber hat – kommt, und eßt.
Ja kommt, kauft ohne Silber,
und ohne Kosten Wein und Milch.
2 Was wägt ihr Silber dar für Brot, das keines ist,
und eurer Müh Ertrag für das, was nicht sättigt?
Hört, hört auf mich, dann sollt ihr Gutes essen,
an Mark sich laben euer Leben.

3 Neigt euer Ohr und kommt zu mir,
hört her, daß stark wird euer Leben.
Ich will einen Bund auf Weltzeit euch schließen.
Die Hulderweise, die David verbürgten,
die treubewährten:
4 Wie ich als Völkerzeugen ihn gesetzt,
als Völkerfürsten und Gebieter,
5 so rufe du ein Volk, das du nicht kennst.
Und Volk, das dich nicht kennt, dir läuft es zu:
Um Jahwes, deines Gottes willen,
des Heiligen Israels,
da er dich verherrlicht.

6 Sucht Jahwe, da er zu finden,
ruft ihn, da er nahe ist.
7 Der Frevler lasse seinen Weg,
der unheimliche Mann seine Pläne.
Umkehren soll er zu Jahwe, daß er sein sich erbarme,
zu unserem Gott, so groß im Vergeben.

Jesaja 55,1-7

Zu Gott umkehren!

40Prüfen laßt uns, erforschen unsre Wege!
Laßt zu Jahwe uns umkehren,
41tragen unser Herz auf den Händen
zu Gott in den Himmeln!
42Gefrevelt haben, getrotzt haben wir.
Du hast nicht vergeben;
43hast in Zorn dich gehüllt, uns gejagt,
hast erschlagen und nicht geschont,
44hast in Gewölk dich gehüllt,
kein Gebet drang hindurch.
45Zu Auswurf und Ekel hast du uns gemacht
inmitten der Völker.

Klagelieder 3,40-45

Den Herrn suchen

21Das laß ich wieder zu Herzen mir gehn,
um dessetwillen harr ich aus:
22Die Huldfülle Jahwes – sie ist nicht zuend,
seine Erbarmungen hören nicht auf.
23All Morgen sind sie neu, groß ist seine Treue.
24Mein Teil ist Jahwe, spricht meine Seele,
um dessetwillen erharre ich ihn.
25Gut ist Jahwe zu denen, die ihn erhoffen,
zur Seele, die ihn sucht.
26Gut ist dran, der schweigend erharrt
die rettende Tat Jahwes.

Klagelieder 3,21-26

Demütig mit Gott wandeln

6Womit soll vor Jahwe ich treten,
mich beugen vor dem Gott der Höhe?
Soll ich mit Brandopfern vor ihn treten,
mit jährigen Kälbern?
7Läßt Jahwe sich tausende von Widdern gerne gefallen,
abertausende von Bächen Öls?
Soll meinen Erstling ich
für meinen Treubruch geben,
für meines Leben Sünde
die Frucht meines Leibs?

8Kundgetan ist dir, o Mensch, was gut ist.
Und was fordert Jahwe von dir sonst:
als Recht zu üben und Bundessinn zu lieben
und demütig zu wandeln mit deinem Gott.

Micha 6,6-8

Ungeteilt des Weges gehen

1Jahwe! Wer ist zu Gast in deinem Zelt,
wer wohnt auf deinem heiligen Berg?
2Wer ungeteilt des Weges geht,
ins Werk das Rechte setzt,
wahr aus seinem Herzen redet,
3den Lauf nicht seiner Zunge läßt,
nicht Böses seinem Freunde tut,
nicht Schmach auf seinen Nachbarn lädt;

4 Wer für verächtlich den Verworfenen achtet,
die Jahwe Fürchtenden ehrt;
wer vom Bösen sich abschwört,
nicht Erbitterndes tut;
5 wer sein Geld nicht auf Zinsen darleiht,
nicht Bestechung gegen Schuldlose nimmt:
Wer dies tut, wird nie wanken –
in Weltzeit nicht.

Psalm 15

II. Advent und Weihnachtszeit

Träuft ihr Himmel von oben,
die Wolken sollen rieseln das Rechte,
die Erde öffne ihren Schoß:
auf daß sie fruchten – das Rettende!
Jesaja 45,8

Mit Jesus leben – was heißt das?
Ich komme von Tag zu Tag in eine Unzahl von Situationen, Tätigkeiten, Geschäften, in denen ich nichts sehe, was mit Jesus, mit meiner »Beziehung« zu Jesus zu tun hätte.
Erwachen? Ad te de luce vigilo?
Zähnebürsten, Rasieren, Waschen, Kämmen...
in die Hosen schlüpfen, in die Schuhe steigen,
Kaffeewasser kochen, Katze füttern...
Zigaretten, ein Taschenmesser, eine Schallplatte kaufen...
Auto starten, zum Tanken fahren,
einen Nagel einschlagen, ein Bild aufhängen –
all der Kram und Trödel des Alltags.
Über den Bäumen des botanischen Gartens
geht die Sonne auf,
Amseln jubilieren, Finken schlagen,
Regen tropft von Blättern, Erde riecht...

In all dem weist mich nichts auf Jesus, zeigt sich, erscheint er mir nicht. Das gilt für mich Einzelnen wie für Millionen meinesgleichen. Aber in all dem hör ich mich oft fragen: »Wo bist du?« Und dann kommt mal ein Ehekreuzträger, kommt mal von der »Herberge zur Heimat« nebenan ein Heimatloser, ein Schnapslump, der penetrant nach Fusel stinkt, eher Lumpen als Kleider am Leib, in ausgelatschtem Schuhwerk...»Ah! Bist du da?«

Fridolin Stier

Wir tappen wie Blinde

Verschmähte Liebe

1 So laßt mich meinem Liebling singen
meines Lieben Weinbergsang:
Hatt einen Weinberg mein Geliebter
an fettem Hügelhorn.
2 Er grub ihn um, entsteinte ihn,
bepflanzte ihn mit edler Rebe.
Und baute einen Turm inmitten,
auch eine Kelter schlug er drein
und hoffte, Trauben werd er bringen.
Doch bracht er faule Beeren.

3 Und nun, Bürger von Jerusalem und Mann aus Juda:
Zwischen mir und meinem Weinberg richtet!
4 Was war meinem Weinberg noch zu tun,
das an ihm ich nicht getan?
Weshalb, da ich gehofft, er bringe Trauben,
hat faule Beeren er gebracht?

5 Und nun will ich euch wissen lassen,
was selbst ich meinem Weinberg tu:
Seine Hecke hau ich weg, daß er abgeweidet werde,
seinen Steinwall reiß ich ein,
daß zum Trampelplatz er werde.
6 So mache ich ihn hin.
Geschneitelt wird er nicht und nicht gehackt,
und Dorn und Distel schießen auf,
und den Wolken befehl ich,
ihn nicht zu beregnen.

7 Denn: Der Weinberg Jahwes der Scharen
ist Israelhaus,
Judas Männer sein Wonnegepflanz.
Und er hoffte auf Rechtspruch
– doch siehe: Rechtsbruch;
auf lauter Heil
– doch siehe: nur laut Geheul.

Jesaja 5,1-7

Wir schnaufen wie Bären

10 Wir tappen wie Blinde die Wand entlang,
wie ohne Augen tappen wir.
Wir straucheln am hellen Tag wie im Dämmer,
in Lebensfrische wie die Toten.
11 Wir schnaufen allsamt wie die Bären,
wie Tauben gurren, gurren wir.
Wir hoffen auf Recht, doch gibt es keines,
auf Rettung, doch fern ist sie uns.
12 Denn viel sind unsere Treubrüche dir gegenüber,
und unsere Sünden verklagen uns.
Ja, unsere Treubrüche wesen uns an,
und unsre Verschuldungen kennen wir:
13 Treubruch und Verrat an Jahwe,
Abflucht vom Platz hinter unserem Gott,
bedrückerisches und trotziges Reden,
mit Lügen geschwängert
aus dem Herzen sie stoßen.
14 Nach hinten gedrängt ist das Recht,
fernab steht Gerechtigkeit.
Auf dem Marktplatz strauchelt Treue,
Geradheit kann da nicht heran.
15 So ward die Treue: zur Vermißten,
wer Böses meidet: zum Geschröpften.

Jahwe sah es, und böse war es vor ihm,
daß Recht es nicht gab.

Jesaja 59,10-15

Wie Tropfen am Eimer

12 Wer hat in seiner Hohlhand die Wasser gemessen,
die Himmel gemarkt mit der Spanne,
im Schapf den Staub der Erde gefaßt,
mit Waagzeiger die Berge gewogen,
mit Waagschalen die Hügel?
13 Wer hat den Geist Jahwes bestimmt,
als Ratsmann ihm zu Wissen getan?
14 Mit wem ging er zu Rat, daß er ihn unterwies,
den Pfad des Rechts ihn lehrte,
der ihn Erkenntnis lehrte,
erkennen ließ der Einsicht Weg?

15 Sieh doch – Völker sind wie Tropfen am Eimer,
wie Staub auf der Waage geachtet.
Sieh doch – Inseln wiegen wie Flor.
16 Der Libanon reicht nicht zum Brande,
sein Wild reicht nicht zum Vollbrandopfer.
17 Wie nichts sind alle Völker vor ihm,
für ihn nicht da und wesenlos geachtet.

18 Wem wollt ihr Gott vergleichen,
welch Gleiches ihm zuordnen?

Jesaja 40,12-18

Mein Geist sehnt dich herbei

7 Des Gerechten Pfad ist Geradheit,
gerad bahnst du des Gerechten Geleis.

8 Auch auf deinem Richterpfade, Jahwe,
erharren wir dich.

Dein Name und das Deingedenken
ist des Lebens Begehr.
9 Mein Leben begehrt dich nachts,
auch mein Geist in mir sehnt dich herbei.

Denn wie deine Gerichte der Erde geschehn,
lernen Gerechtheit die Weltbewohner.
10 Wird wohlgewollt dem Bösen,
lernt er Gerechtheit nicht.
Freveln wird er im Land der Geradheit,
nicht ansehn die Hoheit Jahwes.

11 Herr, deine Hand ist erhoben
– sie schauen nicht hin.
Hinschauen sollen, zuschanden sie werden!
Eifer ums Volk, flammender Zorn
soll deine Gegner verzehren!

12 Jahwe, im Gericht sprich Heil uns zu,
denn auch all unsre Taten hast du uns zugewirkt.

13 Jahwe, unser Gott, besaßen uns Herren außer dir?
– Doch allein dir eigen,
gedenken deines Namens wir.

14 Tote werden nicht lebendig,
Schattengeister stehn nicht auf
– also geahndet hast du, sie vernichtet,
getilgt ihnen alles Gedenken.

15Gemehrt hast du das Volk, Jahwe,
gemehrt das Volk, verherrlicht dich,
ferngerückt alle Grenzen des Landes.
Jesaja 26,7-15

Er kommt, uns zu retten

Fürchte dich nicht

1Tröstet, tröstet mein Volk – spricht euer Gott.
2Redet zum Herzen Jerusalems und ruft ihr zu:
Daß vollgeworden ihre Fron,
daß abgegolten ihre Schuld,
daß empfangen sie aus der Hand Jahwes
den Zahlschein für all ihre Fehle.

3Die Stimme eines Künders:
In der Wüste bahnt den Weg Jahwes,
ebnet in der Steppe die Straße unserem Gott!
4Ein jedes Tal sich hebe,
sich senke jeder Berg und Hügel,
der Buckel werde zur Ebene, die Kuppen zur Mulde.
5Enthüllt wird nun die Herrlichkeit Jahwes.
Es schaut sie alles Fleisch zumal –
ja, es hat der Mund Jahwes geredet.
6Die Stimme eines Sprechers: Ruf es aus!
Und ich sprach: Was soll ich rufen?
– Alles Fleisch ist Gras,
und all sein Prunk wie die Blume des Feldes:

[7]Das Gras verdorrt, die Blume welkt,
wenn der Hauch Jahwes sie anweht.

– Ja, Gras ist das Menschenvolk!
[8]Das Gras verdorrt, die Blume welkt,
das Wort unseres Gottes aber –
fest steht es auf Weltzeit hin.

[9]Steig einen hohen Berg hinan, Frohbotin Zion!
Erhebe mit Macht deine Stimme,
Frohbotin Jerusalem.
Erhebe sie, fürchte dich nicht!
Sag den Städten Judas an: Da – euer Gott!
[10]Da – mein Herr Jahwe, er kommt in Macht,
ihm waltet sein Arm.
Da – sein Sold mit ihm, sein Erworbnes ihm voraus:
[11]Wie ein Hirt, der seine Herde weidet,
Lämmer schließt in seinen Arm
und sie am Busen trägt,
Mutterschafe sorgsam lenkt.

Jesaja 40,1-11

Mein bist du

[1]Und nun, so spricht Jahwe,
dein Schöpfer, Jakob – dein Bildner, Israel:
Fürchte dich nicht, denn ich habe dich ausgelöst,
gerufen dich beim Namen: Mein bist du.
[2]Ziehst durch das Wasser du hin: Ich bin mit dir;
durch die Ströme: Sie überfluten dich nicht;

gehst du ins Feuer: Du wirst nicht versengt;
und die Flamme: Sie brennt dich nicht an.
3 Denn ich, Jahwe, dein Gott,
der Heilige Israels, ich bin dein Befreier.
Ägypten geb ich als Deckung für dich,
Kusch und Seba statt deiner.

Jesaja 43,1-3

Jahwe der Scharen ist sein Name

12 Ich, ich bin es, der euch tröstet.
Wer bist du,
daß du vorm Menschen dich fürchtest, der stirbt,
vorm Adamsohn,
der wie Gras dahingegeben wird?
13 Und daß Jahwes du vergißt, der dich gemacht,
der die Himmel gespannt und die Erde gegründet?
Und daß du stets, alltag, dich schreckst,
vorm Grimm des Bedrückers,
als ob er bestellt zu verderben?
Wo ist nun des Bedrückers Grimm?
14 Eilends wird geöffnet dem Krummgeketteten,
daß er der Grube nicht zusterbe
und seines Brots nicht ermangle.

15 Ich bin Jahwe, dein Gott,
der aufwühlt das Meer, daß rauschen seine Wogen:
Jahwe der Scharen ist sein Name.

16 Ich legte meine Worte dir in den Mund
und barg dich im Schatten meiner Hand,
um Himmel zu pflanzen und Erde zu gründen,
zu Zion zu sprechen: Mein Volk bist du.
Jesaja 51,12-16

Seht da: Euer Gott

1 Frohlocken soll Wüste und trockenes Land,
es juble die Steppe,
2 erblüh wie Zwiebelbäumchen.
Voll Blust sie erblühe und juble,
ja, Jubel sei und Jauchzen:

Des Libanon Herrlichkeit wird ihr geschenkt,
des Karmel und des Scharon Pracht –
die schauen die Herrlichkeit Jahwes,
die Pracht unsres Gottes.

3 Stärkt erschlaffende Hände, wankende Knie strafft!
4 Sprecht den verzagten Herzen zu:
Erstarket, fürchtet euch nicht.
Da – euer Gott!
Vergeltung kommt, von unserem Gott Gezeitigtes.
Selber kommt und rettet er euch.

5 Dann öffnen sich die Augen Blinder,
die Ohren Tauber tun sich auf,
6 dann springt wie ein Hirsch der Lahme,
jauchzt auf die Zunge der Stummen.

Denn Wasser brachen in der Wüste hervor
und Bäche in der Steppe.
7 Glühender Sand wird zum Teich,
lechzend Land zu Wassersprudeln.
Am Ort, wo Schakale lagern,
ergrünt es zu Schilf und Rohr.

8 Dort wird ein Dammweg sein, ein Weg:
heiliger Weg wird er geheißen,
kein Befleckter schreitet drüber.
Und er selbst, Jahwe, zieht für sie des Wegs,
daß auch Toren sich nicht verirren.

9 Keinen Löwen gibt es dort,
reißend Tier ersteigt ihm nicht,
dort ist es nicht zu finden.

10 Erlöste wandern dahin,
heimwärts ziehn die Freigekauften Jahwes.
Sie kommen nach Zion voll Jubel,
währende Freude um ihr Haupt.
Wonne und Freude kehren ein,
weichen muß Gram und Gestöhn.

Jesaja 35,1-10

Seine Schleppen füllen die Halle

1 Im Todesjahre des Königs Usija
habe ich meinen Herrn geschaut:
Sitzend auf einem Thron, hoch und ragend,
und seine Schleppen füllend die Halle.

2Serafim stehend über ihm,
sechs Flügel hatten sie, sechs Flügel ein jeder:
Mit zweien er hüllte sein Antlitz,
mit zweien er hüllte seine Füße,
mit zweien er flog.
3Und einer zum anderen rief:
Heilig, heilig, heilig, ist Jahwe der Scharen,
Fülle des Erdalls seine Herrlichkeit.
4Da erbebten die Lager der Schwellen
von der Stimme des Rufers,
und das Haus ward voll Rauch.
5Ich sprach: Weh mir, ich bin verloren.
Denn ein Mann befleckter Lippen bin ich,
und inmitten eines Volks befleckter Lippen
wohne ich
– den König haben ja,
Jahwe der Scharen, geschaut meine Augen.
6Da flog einer der Serafim zu mir,
in der Hand einen Glühstein,
den er mit Greifern gegriffen vom Schlachtaltar
oben,
7und berührte damit meinen Mund und sprach:
Nun, da dies deine Lippen berührt,
weicht deine Schuld, wird bedeckt deine Sünde.

Jesaja 6,1-7

Dann wird es geschehen

Zu trösten alle Trauernden

1 Der Geist Jahwes, meines Herrn, ist auf mir,
da Jahwe mich gesalbt, mich gesandt hat,
Heil zu künden den Demütigen,
die gebrochenen Herzens sind, zu verbinden,
den Gefangenen Befreiung zuzurufen,
den Gefesselten Öffnung,
2 ein Gnadenjahr Jahwes auszurufen,
einen Rachetag unseres Gottes.
Zu trösten alle Trauernden,
3 zu erstatten den Trauernden Zions;
ihnen zu geben Schmuck statt Schmutz,
Öl der Freude statt Trauer,
Mantel des Ruhms statt erlöschenden Geistes.
Daß man sie heiße »Bäume des Heils«,
»Pflanzung Jahwes«, um damit zu prunken.

Jesaja 61,1-3

Wie eine Mutter

10 Freut euch mit Jerusalem, umjubelt sie,
all die ihr sie liebt, frohlockt mit ihr,
frohlockt alle, die ihr um sie trauert.
11 Auf daß ihr satt euch saugt am Busen ihres Trostes,
auf daß ihr Labe schlürft
am Brustquell ihrer Herrlichkeit!

12Denn so spricht Jahwe:
Schon bieg ich ihr zu wie einen Strom das Heil,
wie flutenden Bach das Herrliche der Völker.
Und saugen sollt ihr, sollt an der Seite getragen,
gekost sein auf den Knien.
13Wie einen Mann, den seine Mutter tröstet,
so tröste ich, ich selber euch,
in Jerusalem sollt ihr getröstet werden.
14Und sehen sollt ihr, sich freuen euer Herz,
eure Gebeine aufsprießen wie Gras.
Und kundtut sich die Hand Jahwes
an seinen Knechten.
Doch Fluch seinen Feinden!

Jesaja 66,10-14

Der Löwe frißt Stroh

1Dann treibt ein Reis auf Isais Stumpf,
der Sproß aus seinen Wurzeln sproßt.
2Es ruht auf ihm der Geist Jahwes:
Der Geist der Weisheit und der Einsicht,
der Geist des Rates und der Kraft,
der Geist der Erkenntnis und der Furcht Jahwes.

3– Und er begeistet ihn mit Furcht Jahwes.

Er richtet nicht nach der Schau seiner Augen,
schlichtet nicht nach Gehör seiner Ohren:
4Er richtet gerecht die Geringen,
schlichtet billig den Niederen des Landes.

Er straft das Land mit dem Stock seines Wortes,
mit dem Hauch seiner Lippen tötet er Frevler.
5 Gerechtheit ist der Schurz seiner Hüften,
Treue der Schurz seiner Lenden.

6 Da gastet der Wolf beim Lamm,
der Panther beim Böcklein lagert,
das Kalb und der Jungleu zusammen sich mästen,
ein kleiner Knabe sie treibt.
7 Kuh und Bärin werden sich freund,
zusammen ihre Jungen sich lagern,
der Löwe frißt Stroh wie das Rind.
8 Der Säugling spielt an der Höhle der Otter,
nach Vipernbrut hascht mit der Hand ein Entwöhntes.
9 Niemand tut Arges, niemand Verderben
auf meinem ganzen heiligen Berg.
Denn: Voll ist das Land von Erkenntnis Jahwes,
wie Wasser bedecken das Meer.

10 Und es geschieht an jenem Tag:
Der Wurzelsproß Isais,
der dasteht als Signalmast der Völker,
ihm fragen nach die Nationen,
und der Ort seiner Ruhe ist Herrlichkeit.

Jesaja 11,1-10

Schwerter zum Pflügen

2 Geschehen wirds in der Späte der Tage:
Festgegründet steht der Berg mit dem Hause Jahwes,
zu Häupten der Berge, erhaben über die Hügel.
Und dahin strömen viele Völker
3 und wandern viele Nationen, und sprechen:
– Auf, steigen wir zum Berg Jahwes,
zum Haus von Jakobs Gott,
daß er uns seine Wege weise
und wir in seinen Pfaden wandeln.
4 Denn Weisung geht von Zion aus,
von Jerusalem das Wort Jahwes.

Dann wird er richten die Völker
und schlichten zwischen den vielen Nationen.
Dann schmieden ihre Schwerter zu Pflügen sie um,
zu Winzermessern ihre Speere,
und nimmer hebt Volk wider Volk das Schwert,
und nimmer sie lernen den Krieg.
5 Haus Jakob, auf!
Und wandeln laßt uns im Lichte Jahwes.

Jesaja 2,2-5

Er wischt die Tränen

1 Jahwe, mein Gott bist du!
Dich preis ich hoch, ich rühme deinen Namen.
Denn Wunder hast du getan,
fernher Beschloßnes, in Treuen gar treu.

Denn du machtest die Stadt zu Geröll,
2die steile Feste zu Trümmern,
das Schloß der Frechen ist geschleift.
Nie wieder wird es gebaut.
3Drum ehren dich trotzige Stämme,
fürchten dich tyrannische Völker.

4Denn du warst der Hort des Geringen,
des Machtlosen Hort in der Drangsal,
Zuflucht vor dem Ungewitter, Schatten vor der Glut.
Denn der Tyrannen wütendes Schnauben –
wie Hagelgewitter, wie Glut in dürrem Land.
5Du zwingst nieder der Frechen Geprahl;
wie Glut im Schatten der Wolke
erschlafft die Gewalt der Tyrannen.

6Dann bereitet Jahwe der Scharen
dem All der Völker auf diesem Berg
ein Mahl mit fetten Speisen,
ein Mahl mit Treberweinen,
fetten Speisen, markgespickt,
Treberweinen, klargeseiht.

7Dann macht er zunichte, auf diesem Berge
die Maske des Banns, des Banns auf allen Völkern,
und das Gespinst, gesponnen über alle Völker.
8Er macht den Tod zunichte für immer.
Mein Herr Jahwe wischt die Träne von jedem Antlitz,
und fegt seines Volkes Schmach von aller Erde.
Ja, gesprochen hat Jahwe.

9Und es heißt an jenem Tag:
Da – unser Gott ists,
auf den wir gehofft, daß er uns errette,
Jahwe – er ists, auf den wir gehofft.
Laßt uns jubeln und freuen seiner Rettung.
10Ja, die Hand Jahwes wird ruhen auf diesem Berg.

Jesaja 25,1-10

Gott selber kommt

Ich bin dein Erlöser

6So spricht Jahwe,
der König Israels und sein Erlöser,
Jahwe der Scharen:
Ich bin der All-Erste, ich bin der All-Letzte,
und außer mir ist kein Gott.
7Wer ist wie ich?
Er rufe und meld es und reih es mir auf:
Seit Urzeitvolk ich eingesetzt,
und Werdendes, und was da kommt
– melden sollen sie es ihnen!
8Erschreckt nicht! Erbebt nicht!
Gab ich dir es nicht längst zu hören und tat es kund?
Und ihr seid meine Zeugen:
Gibt es einen Gott außer mir?
Kein Fels ist da, ich kenne keinen.

Jesaja 44,6-8

Sein Name: Immanuel

10 Und weiter ließ reden Jahwe zu Ahas, er sagte:
11 Erbitte dir ein Zeichen
von seiten Jahwes deines Gottes,
sei es in der Tiefe des Totenlandes,
sei es in der Höhe droben!
12 Ahas sprach: Ich mag nicht bitten darum
und Jahwe nicht versuchen.
13 Er sprach: So hört denn, Haus Davids!
Ists euch zu wenig, Menschen zur Last zu werden,
daß ihr zur Last werdet auch meinem Gott?
14 Darum gibt euch mein Herr, er selber, ein Zeichen:
Da – die Jungfrau wird schwanger
und gebiert einen Sohn,
und sie nennt seinen Namen: Immanuel, Gott mit uns.
15 Doch Rahm und Honig soll er essen,
bis er weiß, Böses zu verwerfen und Gutes zu wählen.

Jesaja 7,10-15

Ein Kind ward uns geboren

1 Das Volk, das im Finstern geht,
sichtet ein großes Licht,
die hausen im Todesdüster
– ein Licht sie überglänzt.

2 Reich hast du den Jubel, groß gemacht die Freude:
sie freuen sich vor deinem Angesicht,
voll Freude wie beim Ernteschnitt,
voll Jubel wie beim Beuteteilen.

3 Denn das Joch seiner Fron
und sein Nackenspannholz,
den Stock seines Treibers
zerbrachst du wie am Midiantag.

4 Denn jeder mit Gepolter herstampfende Stiefel
und Mantel im Blutbad gewälzt –
zum Brande wirds, zu Feuers Fraß.

5 Denn ein Kind ward uns geboren,
ein Sohn ward uns geschenkt:
Die Herrschaft kam auf seine Schulter.

Sein Name heißt:
Wunder-Rat, Gott-Held,
Beute-Reicher, Fürst des Heils.

6 Zur Mehrung der Herrschaft, zu Heil ohne Ende –
auf Davids Thron und seinem Königtum,
es festzugründen und zu stützen
durch Recht und durch Gerechtheit.
Von jetzt auf Weltzeit hin.
Das wird wirken der Eifer Jahwes der Scharen.

Jesaja 9,1-6

Er ist das Heil

1 Und du, Betlehem, Efrata genannt,
zu gering, um zu den Tausendschaften Judas
zu gehören:
Aus dir geht einer mir hervor,

um Herrscher zu werden in Israel.
Sein Aufgang ist von Urbeginn,
von Vorzeittagen her.

2Drum gibt er sie hin bis zur Zeit,
da die Gebärende gebiert,
und er, der Rest seiner Brüder,
heimkehrt zu Israels Söhnen.

3Und er tritt hin, und Hirt ist er in der Kraft Jahwes
und in der Namenshoheit Jahwes seines Gottes.
Und sie lassen sich nieder,
denn jetzt ragt er groß bis an die Enden der Erde.
Und der ists: das Heil.

Micha 5,1-3

Völker ziehen zu deinem Licht

1Steh auf! Leuchte auf!
Denn gekommen ist dein Licht,
erstrahlt über dir die Herrlichkeit Jahwes.
2Denn siehe: Finsternis bedeckt die Erde,
Dunkel die Nationen.
Doch über dir erstrahlt Jahwe,
über dir läßt seine Herrlichkeit sich schauen.
3Völker ziehen zu deinem Licht,
Könige zum Glanz deines Strahlens.

4Hebe ringsum deine Augen, schau:
Allsamt versammeln sich,
kommen zu dir deine Söhne, sie kommen – von fern,
zur Seite sich reihen deine Töchter.

5 Nun schaust du auf und erschimmerst,
es bebt und weitet sich dein Herz,
denn auf dich zu wälzt sich ein rauschendes Meer,
ein Heer von Völkern, die kommen zu dir.

10 Und Söhne der Fremde bauen deine Mauern,
ihre Könige umdienen dich.
Denn, schlug ich dich in meinem Groll,
erbarmt ich mich deiner in meiner Gnade.
11 Und offen hält man ständig deine Tore,
Tag und Nacht schließt man sie nicht,
ein Völkerheer zu dir hineinzubringen,
samt ihren Königen dahingeleitet.
12 Denn das Volk und das Königtum,
die dir nicht knechten, gehen zugrund,
und verfallen müssen, verfallen die Völker.
13 Es kommt zu dir die Herrlichkeit des Libanon:
Wacholder, Esche und Zypresse zumal,
meines Heiligtums Stätte zu schmücken;
meiner Füße Stätte verherrliche ich.

14 Gebückt gehen zu dir die Söhne deiner Beuger,
zu deinen Fußsohlen bücken sich all deine Verächter,
und sie nennen dich »Stadt Jahwes«,
»Zion des Heiligen Israels«.

15 Aus einer Verlassenen, einer Verhaßten,
die keiner durchwandert,
mache ich dich zum Stolz auf Weltzeit,
zur Freude Geschlecht um Geschlecht.
16 Saugen sollst du die Milch der Völker,
an der Brust von Königen saugen,

und erkennen sollst du,
daß ich, Jahwe, dein Retter bin,
der Recke Jakobs dein Erlöser.

17Statt des Erzes laß Gold ich,
statt des Eisens Silber kommen,
und statt der Hölzer Erz, statt der Steine Eisen.
Als deine Aufsicht setz ich Frieden ein,
Gerechtheit als deine Vögte.
18Nichts mehr ist in deinem Land von Unbill zu hören,
von Verheeren und Zerstören in deinen Marken.
Als »Heil« rufst deine Mauern,
als »Ruhm« du deine Tore an.

19Nicht mehr braucht die Sonne
dir zum Licht am Tage werden,
zur Helle der Mond dir nicht leuchten:
Jahwe ist dir zum Licht auf Weltzeit,
dein Gott zum Prachtschein dir geworden.
20Nie mehr geht unter deine Sonne,
noch wird eingeholt dein Mond,
denn Jahwe ward dir zum Licht auf Weltzeit,
und voll sind deiner Trauer Tage.

21Dein Volk, allsamt Gerechte sind sie,
auf Weltzeit erben sie das Land,
als Schößling meiner Pflanzung,
als Werk meiner Hände, mir zum Gepränge.
22Der Kleinste wird zur Tausendschaft,
zu starkem Volke der Geringste:
Ich, Jahwe, zu seiner Zeit führe ich schnell es heran.

Jesaja 60,1-5.10-22

III. Zwischen den Jahren

Der Sirius und Orion schafft,
der Stockfinsternis in Morgen wandelt,
der Tag in Nacht verdunkelt,
der des Meeres Wasser ruft,
aufs Angesicht der Erd sie schüttet.
Sein Name ist: Jahwe.
Amos 5,8

Ich fürchte, das sogenannte neue Jahr wird noch älter als das alte sein!
Es fängt schon gut an: heute früh sechs Uhr im Ausgang aus dem Schimpf-Hof schier über die eiserne Torsperre aufs Pflaster gestolpert; das sonst so brave Ding, das seinen ordentlichen Platz hat, heute morgen im Dunkeln wie auf der Lauer, als ob es mir tückisch hätte das Bein stellen wollen.
Dann, durch den Botanischen Garten zur Augenklinik, am Brückle über die Ammer, stockdunkel, den Kiesweg nur unter den Sohlen fühlend, statt auf die Brükkenbohlen zu treten, die ich vor mir wähnte, lotrecht die Ufermauer hinunter gestürzt, eine halbe Armlänge

über meinem Kopf das Geländer und der Mauerrand, ein Knäuel von Maschendraht, der einzige Halt an der steilen Böschung. – Ich weiß nicht, wie es mir schließlich gelang, mich hochzuhangeln...Ein paar leichte Schürfungen. »es fängt schon gut an« – ja, *gut*, sage ich, denn es hätte wahrscheinlich schlimmer gehen können. Zeichen? Ein böses, wenn ich den Sturz, ein gutes, wenn ich das Wiederhochkommen bedenke.

Fridolin Stier

Mein Teil ist der Herr

Rühmt ihn durch die Zeiten

52 Gepriesen bist du, Herr, Gott unserer Väter,
gelobt und hoch erhoben durch die Zeiten hin.
Gepriesen ist dein herrlicher, heiliger Name,
hochgelobt und hoch erhoben
durch die Zeiten hin.
53 Gepriesen bist du im Tempel
deiner heiligen Herrlichkeit,
hochgerühmt und hoch verherrlicht
durch die Zeiten hin.
54 Gepriesen bist du auf dem Thron deines Königtums,
hochgerühmt und hoch erhoben durch die Zeiten hin.
55 Gepriesen bist du, in Abgründe Schauender,
auf Kerubim Thronender,
gelobt und verherrlicht durch die Zeiten hin.

56 Gepriesen bist du an der Feste des Himmels,
gerühmt und verherrlicht durch die Zeiten hin.

57 Preist den Herrn, all ihr Werke des Herrn,
rühmt und hoch erhebt ihn durch die Zeiten hin.
58 Preist, ihr Boten des Herrn, den Herrn,
rühmt und hoch erhebt ihn durch die Zeiten hin.
59 Preist, ihr Himmel, den Herrn,
rühmt und hoch erhebt ihn durch die Zeiten hin.
60 Preist, all ihr Wasser überm Himmel, den Herrn,
rühmt und hoch erhebt ihn durch die Zeiten hin.
61 Preist, alle Kräfte, den Herrn,
rühmt und hoch erhebt ihn durch die Zeiten hin.
62 Preiset, Sonne und Mond, den Herrn,
rühmt und hoch erhebt ihn durch die Zeiten hin.
63 Preist, ihr Sterne des Himmels, den Herrn,
rühmt und hoch erhebt ihn durch die Zeiten hin.

64 Preist, aller Regen und Tau, den Herrn,
rühmt und hoch erhebt ihn durch die Zeiten hin.
65 Preist, all ihr Winde, den Herrn,
rühmt und hoch erhebt ihn durch die Zeiten hin.
66 Preiset, Feuer und Hitze, den Herrn,
rühmt und hoch erhebt ihn durch die Zeiten hin.
67 Preiset, Frost und Kälte, den Herrn,
rühmt und hoch erhebt ihn durch die Zeiten hin.
68 Preiset, Tau und Schnee, den Herrn,
rühmt und hoch erhebt ihn durch die Zeiten hin.
69 Preiset, Eis und Kälte, den Herrn,
rühmt und hoch erhebt ihn durch die Zeiten hin.

70Preiset, Reif und Schnee, den Herrn
rühmt und hoch erhebt ihn durch die Zeiten hin.
71Preiset, Nächte und Tage, den Herrn,
rühmt und hoch erhebt ihn durch die Zeiten hin.
72Preiset, Licht und Dunkel, den Herrn,
rühmt und hoch erhebt ihn durch die Zeiten hin.
73Preiset, Blitze und Wolken, den Herrn,
rühmt und hoch erhebt ihn durch die Zeiten hin.

74Preise, du Erde, den Herrn,
rühme und hoch erheb ihn durch die Zeiten hin.
75Preiset, Berge und Hügel, den Herrn,
rühmt und hoch erhebt ihn durch die Zeiten hin.
76Preist, all ihr Gewächse auf Erden, den Herrn,
rühmt und hoch erhebt ihn durch die Zeiten hin.
77Preist, ihr Quellen, den Herrn,
rühmt und hoch erhebt ihn durch die Zeiten hin.
78Preist, ihr Meere und Ströme, den Herrn,
rühmt und hoch erhebt ihn durch die Zeiten hin.
79Preist, ihr Ungetüme
und alles Gereg in den Wassern, den Herrn,
rühmt und hoch erhebt ihn durch die Zeiten hin.
80Preist, all ihr Vögel des Himmels, den Herrn,
rühmt und hoch erhebt ihn durch die Zeiten hin.
81Preist, ihr Vierfüßer und Erdtiere, den Herrn,
rühmt und hoch erhebt ihn durch die Zeiten hin.
82Preist, ihr Menschenkinder, den Herrn,
rühmt und hoch erhebt ihn durch die Zeiten hin.

83 Preist, ihr Israel, den Herrn,
rühmt und hoch erhebt ihn durch die Zeiten hin.
84 Preist, ihr Priester, den Herrn,
rühmt und hoch erhebt ihn durch die Zeiten hin.
85 Preist, ihr Diener, den Herrn,
rühmt und hoch erhebt ihn durch die Zeiten hin.
86 Preist, ihr Geister und Seelen der Gerechten,
den Herrn,
rühmt und hoch erhebt ihn durch die Zeiten hin.
87 Preist, ihr Frommen und demütig Gesinnten,
den Herrn,
rühmt und hoch erhebt ihn durch die Zeiten hin.

Daniel 3,52-87

Du zogst aus der Gruft mein Leben

3 Aus meiner Drangsal rief ich zu Jahwe,
und er antwortete mir.
Ich schrie aus der Unterwelt Schoß,
du hast meine Stimme gehört.
4 In die Tiefe hattest du mich,
ins Herz der Meere geworfen,
der Urstrom um mich wallte,
all deine Brecher, deine Wogen,
brandeten über mich hin.

5 Ich aber sprach: Verjagt bin ich aus deinen Augen!
Wie blicke ich je wieder
zur Halle deines Heiligtums?

6Die Wasser umfingen mich bis an die Kehle,
die Urflut um mich wallte,
Tang war um mein Haupt gewunden.
7Ich sank zu den Wurzeln der Berge hinab,
der Erde Riegel – auf Weltzeit hinter mir zu.
Da zogst du aus der Gruft mein Leben –
Jahwe, mein Gott.

8Als mein Leben am Verhauchen war,
gedachte ich Jahwes,
und hin zu dir kam mein Gebet,
zur Halle deines Heiligtums.

9Die Wahnnichtse achten sollen lassen ihr Schmähen.
10Ich aber will bei Danklobschall schlachtopfern dir;
was ich gelobt, voll will ichs zahlen.
Rettung kommt von Jahwe.

Jona 2,3-10

Er ists, der ändert die Zeiten

20Daniel hob an und sprach:
Der Name Gottes sei gepriesen
von ureinst bis urdann!
Denn sein ist die Weisheit und die Macht:
21Er ists, der ändert die Fristen und die Zeiten,
der Könige absetzt und Könige aufstellt,
der die Weisheit den Weisen gibt
und Erkenntnis denen, die verständig erkennen.

22Er ists, der das Tiefe und Verborgene enthüllt,
der weiß, was im Finsteren ist,
und bei ihm wohnt das Licht.
23Dich, Gott meiner Väter, rühme und lobe ich,
daß du die Weisheit und die Kraft mir gegeben
und jetzt mich hast erkennen lassen,
was wir von dir erbeten:
Du tatest die Sache des Königs uns kund.

Daniel 2,20-23

Er gibt euch alles

21Fürchte dich nicht, Ackerland, jauchz und freue dich!
Denn Großes hat Jahwe vollbracht.
22Fürchtet euch nicht, ihr Tiere des Feldes,
denn es grünen die Triften der Wüste,
ja, der Baum trägt seine Frucht,
Feige und Weinstock geben ihre Kraft.
23Und Söhne Zions ihr,
jauchzt und freut euch Jahwes, eures Gottes!
Denn er hat euch nach Ordnung
den Frühschütt gegeben, den Regen,
Frühschütt und Spätguß im Erstmond
herniedergeflößt,
24daß sich mit Korn die Tennen füllen,
die Tröge überquellen von Most und Öl.

Joel 2,21-24

Seine Erbarmungen hören nicht auf

21 Das laß ich wieder zu Herzen mir gehn,
um dessetwillen harr ich aus:
22 Die Huldfülle Jahwes – sie ist nicht zu End,
seine Erbarmungen hören nicht auf.
23 All Morgen sind sie neu,
groß ist seine Treue
24 Mein Teil ist Jahwe, spricht mein Leben,
um dessetwillen erharre ich ihn.
25 Gut ist Jahwe zu denen, die ihn erhoffen,
zum Leben, das ihn sucht.
26 Gut ist dran, der schweigend erharrt
die rettende Tat Jahwes.
27 Gut ists dem Mann,
wenn er ein Joch in der Jugend getragen!
28 Einsam sitzt er und schweigt,
wenn er es auf ihn legt.
29 Er läßt seinen Mund im Staub:
Vielleicht ist noch Hoffnung.
30 Er läßt seinem Schläger die Wange,
er sättigt sich an Schmach.
31 Denn: Nicht verstößt auf immer mein Herr.
32 Denn: Hat er gekränkt, erbarmt er sich auch
nach der Fülle seiner Huld.
33 Denn: Nicht aus seines Herzens Drang
beugt und kränkt er die Menschenkinder.

Klagelieder 3,21-33

IV. Wenn der Winter dauert

Nackt bin ich kommen vom Schoß meiner Mutter,
nackt kehr ich zurück dorthin.
Jahwe gibt, Jahwe nimmt,
gesegnet sei der Name Jahwe.
Ijob 1,21

Ich habe das Buch Ijob wieder gelesen, zum wievieltenmal! Wo ist mein Platz im Ijob? Nicht an der Seite des Herausforderers und Prozeßgegners Gottes der Kapitel 3-31, der den alten, vertrauten, »gehabten« Gott wiederhaben will, indem er ihn, den aus der Art geschlagenen, den seinem Wesen zuwiderhandelnden Gott »bekehren«, d.h. zur Rückkehr in das geglaubte (und von den drei Theologen verteidigte) Bild zwingen möchte. Ich gehöre zu dem Ijob, dem sich Gott durch seine Geschöpfe zu erkennen, zu »schauen« gibt – zum Ijob der Kapitel 39-42,1-5. Aber dieser Gott hat mir über die Enthüllung hinaus, die er Ijob gemacht, zu wissen gegeben, im Hinschauen auf die Geschöpfe erkennen lassen, daß er über *unschuldiges Leben das Leiden verhängt*, d.h. doch getan hat und tut, was Ijob dem alten, guten Gott als widergöttliches Handeln, als gottwidriges Unrecht vor Augen hält.

Wenn man mich fragte, woran meine Liebe zu Gott zu erkennen sei, würde ich antworten: Daran, daß ich ihn *erleide* aus ganzem Herzen, aus ganzer Seele und mit all meiner Kraft.

Fridolin Stier

Zum Beispiel Ijob

Gerecht, gerade, Gott fürchtend

1 Ein Mann war im Land Uz, sein Name Ijob. Und dieser Mann war recht, gerade, Gott fürchtend, fern vom Bösen.

2 Geboren waren ihm der Söhne sieben, der Töchter drei.

3 Sein Besitz war: siebentausend Schafe, dreitausend Kamele, fünfhundert Joch Rinder, fünfhundert Eselinnen und Gesinde gar viel. Groß war der Mann, größer als alle die Söhne des Ostens.

4 Da gingen seine Söhne, hielten Gelag im Haus eines jeden zu seinem Tag. Sie sandten und riefen ihre drei Schwestern, zu essen und trinken mit ihnen.

5 Waren reihum die Tage des Gelags, so sandte Ijob und heiligte sie. Früh am Morgen stand er auf, brachte Brandopfer dar, nach der Zahl ihrer aller. Denn Ijob sprach: »Vielleicht taten fehl meine Söhne und ›segneten‹ Gott in ihres Herzens Sinnen.« Also tat alle die Tage Ijob.

Ijob 1,1-5

Glaube auf dem Prüfstand

6 Da geschahs eines Tags, daß kamen die Gottessöhne, sich zu stellen bei Jahwe, und daß auch kam der Satan [der Anfechter], inmitten ihrer.
7 Da sprach Jahwe zum Satan: »Von wannen kommst du?« Der Satan erwiderte Jahwe, sprach:
»Vom Erddurchschweifen, vom Wandeln auf ihr.«
8 Da sprach Jahwe zum Satan: »Nahmst wahr du meines Knechtes, des Ijob? Denn keinen gibt's auf Erden gleich ihm: recht und gerad, Gott fürchtend und fern vom Bösen.«
9 Der Satan erwiderte Jahwe, sprach: »Ist es um nichts, daß Ijob Gott fürchtet?
10 Umhegst du nicht ihn und sein Haus und alles, was sein ist rundum? Segnest das Werk seiner Hände du nicht? Breitet nicht weit sich ins Land sein Besitz?
11 Aber – streck aus deine Hand, rühre an alles, was sein, ob dann er dir nicht ins Angesicht flucht?«
12 Da sprach Jahwe zum Satan: »Wohlan, sei alles, was sein, in deiner Hand, nur an ihn selber nicht streck deine Hand.« Und fort ging der Satan vom Antlitz Jahwes.
13 Es war der Tag, da aßen und Wein tranken seine Söhne und Töchter im Haus ihres Bruders, des Erstgeborenen.
14 Da kam zu Ijob ein Bote, der sprach: »Die Rinder waren beim Pflügen, ihnen zur Seite weidend die Eselinnen.

15 Da fielen die Sabäer ein, nahmen sie weg und schlugen die Knaben mit der Schärfe des Schwerts. Ich nur entrann, dir dieses zu melden.«
16 Noch redete dieser, da kam schon jener, sprach: »Gottesfeuer fiel vom Himmel, brannte Schafe und Knaben, und fraß sie. Ich nur entrann, dir dieses zu melden.«
17 Noch redete jener, da kam schon dieser, sprach: »Chaldäer stellten drei Hauptscharen auf, schwärmten über die Kamele her und nahmen sie weg. Sie schlugen die Knaben mit der Schärfe des Schwerts. Ich nur entkam, dir dieses zu melden.«
18 Noch redete dieser, da kam schon jener, sprach: »Deine Söhne und Töchter aßen und tranken Wein im Haus ihres Bruders, des Erstgeborenen.
19 Siehe, da kam von jenseits der Wüste ein großer Wind, schlug an die vier Ecken des Hauses. Es fiel über die Knaben, sie starben. Ich nur entrann, dir dieses zu melden.«
20 Da stand auf Ijob, zerriß sein Gewand, schor sich das Haupt, fiel zur Erde und beugte sich hin, sprach:
21 »Nackt bin ich kommen vom Schoß meiner Mutter,
nackt kehr ich zurück dorthin.
Jahwe gibt, Jahwe nimmt,
gesegnet sei der Name Jahwe.«
22 Bei all dem hat Ijob nicht gesündigt und keine Unbühr Gott beigelegt.

Ijob 1,6-22

Wenns um die eigene Haut geht

1Da geschahs eines Tags, daß kamen die Gottessöhne,
sich zu stellen bei Jahwe, und daß auch kam der Sa-
tan inmitten ihrer, sich zu stellen bei Jahwe.
2Da sprach Jahwe zum Satan: »Von wannen kommst
du?« Der Satan erwiderte Jahwe, sprach: »Vom Erd-
durchschweifen, vom Wandeln auf ihr.«
3Da sprach Jahwe zum Satan: »Nahmst wahr du mei-
nes Knechts, des Ijob? Denn keinen gibt es auf Erden
gleich ihm. Recht ist der Mann, gerade, Gott fürch-
tend, fern dem Bösen. Noch jetzt hält er fest seine
Rechtschaffenheit, du aber hast wider ihn mich ge-
reizt, ihn zu verderben um nichts.«
4Der Satan erwiderte Jahwe, sprach: »Haut um Haut.
Alles, was einem Manne eigen, hingibt er es für sein
Leben.
5Aber – streck aus deine Hand, rühr an sein Gebein
und sein Fleisch! Ob dann er dir nicht ins Angesicht
flucht?«
6Da sprach Jahwe zum Satan: »Wohlan, er ist in dei-
ner Hand. Nur wahre sein Leben.«
7Und fort ging der Satan vom Antlitz Jahwes. Mit
bösem Geschwüre schlug er Ijob von der Sohle sei-
nes Fußes hinauf bis zum Scheitel.
8Der nahm einen Scherben, um sich zu schaben, und
saß inmitten der Asche.

9Da sprach zu ihm sein Weib: »Hältst du noch fest
deine Rechtschaffenheit? Fluche Gott und stirb!«

10 Er sprach zu ihr: »Wie eine der Närrinnen redet, so
redest auch du. Das Gute nehmen wir an von Gott,
das Böse nehmen wir nicht.« Bei all dem hat Ijob
nicht gesündigt mit seinen Lippen.

11 Da hörten drei Freunde des Ijob all das Böse, das
über ihn gekommen war, und kamen ein jeder von
seinem Ort: Elifas aus Teman, Bildad aus Schuach,
und Zofar aus Naama. Sie wurden übereins, zu kommen, Leid ihm zu zeigen und ihn zu trösten.
12 Als sie hoben die Augen von fern und ansehn ihn
nicht mochten, da hoben ihre Stimme sie und weinten, zerrissen ein jeder sein Obergewand, und streuten Erdstaub häuptlings aus, gen Himmel hin.
13 Sie setzten sich bei ihm zur Erde. Sieben Tage. Sieben Nächte. Keiner sprach zu ihm ein Wort. Denn sie
sahen, daß groß der Schmerz war, übermaßen.

Ijob 2,1-13

Ijobs Klage – Gegenrede

Verflucht sei der Tag

1 Alsdann tat auf Ijob seinen Mund
und verfluchte seinen Tag.

2 Ijob entgegnete, sprach:
3 Schwinde der Tag, da geboren ich ward,
die Nacht, die gesprochen: Ein Mann ist empfangen.

4Der Tag, er werde Finsternis:
fordre Gott ihn nicht von droben,
aufglänz ihm kein lichter Strahl.
5Die finster Urnacht lös ihn aus,
wohne das Gewölk ob ihm,
schreck ihn des Tages Düsterung.
6Die Nacht – das Dunkel raffe sie,
sei nicht gesellt des Jahres Tagen,
kehr in der Monde Zahl nicht ein.
7Dieser – sei er unfruchtbar,
kehr bei ihm kein Jubel ein.
8Fluchen solln ihm Tagverhexer,
die Meister Leviatanwecker,
9dunkeln seiner Dämmrung Sterne,
des Lichtes harr er, doch umsonst,
Frührots Wimpern schau er nicht!
10Weil er nicht schloß des Schoßes Tore,
die Wehsal meinem Aug nicht barg.
11Warum verstarb im Leib ich nicht,
kam aus dem Schoß ich nicht und schied?
12Weshalb begegneten mir Knie,
warum mir Brüste, daß ich sog?
13Nun läge ruhig ich und still, ich schliefe, hätte Rast –
14mit Königen und des Landes Räten,
die Pyramiden sich erbaun.
15Oder Fürsten reich an Gold,
die Häuser sich mit Silber füllen.
16Wie Fehlgeburt wär ich verscharrt,
wie Kinder, die das Licht nicht sahn.

Ijob 3,1-16

Wo sind Redliche verdorben

1Elifas aus Teman entgegnete, sprach:
2Richten ein Wort wir an dich, ists Beschwer,
doch wehren der Red, wer vermags?
3Siehe, du wiesest viele zurecht,
du stärktest erschlaffende Arme.
4Den Strauchelnden hob auf dein Wort,
du kräftigtest wankende Knie.
5Kommts nun an dich, da trägst du schwer,
triffts dich selber, bist entsetzt.
6Ist dein Verlaß nicht deine Gottesfurcht,
dein Hoffen nicht dein lautrer Wandel?
7Bedenk doch, welcher Reine ging zugrund,
wo sind Redliche verdorben?
8Soviel ich sah: Die Schlimmes pflügen,
die Wehsal säen, erntens auch.

Ijob 4,1-8

Selber zeugt der Mensch die Pein

17Heil dem Menschen, den Gott züchtigt,
mißachte Allwalts Warnung nicht.
18Denn er verwundet und verbindet,
er schlägt, und seine Hände heilen.
19Er rettet in sechs Drangsaln dich,
in sieben rührt kein Leid dich an.
20Im Hunger löst vom Tod er dich,
im Kampf von Schwerts Gewalt.

21Du birgst dich vor der Zunge Geißel,
fürchtest nichts von Gewalt, so sie kommt.
22Du lachst der Gewalt und der Darbnis,
fürchtest nichts von der Erde Getier.
23Dein Bund ist mit des Feldes Wichteln,
dir friedet sich des Feldes Wild.
24Du weißt, daß heil dein Zelt,
du waltest deines Hofs und fehlest nichts.
25Du weißt sich mehrend deinen Samen,
wie Kraut der Erde dein Gesproß.
26Du kommst zu Grabe vollgereift,
der Garbe gleich, geheimst zur Zeit.
27Sieh, dies erforschten wir, so ists!
Wir hörten es! Und du, erkenn es an!

Ijob 5,17-27

Ijobs Klage

Meine Tage schwinden

1Ist Scharwerk nicht des Menschen Erdenlos,
sind nicht wie eines Fröners seine Tage,
2wie die des Knechts, der Schatten lechzt,
des Fröners, der harrt des Lohns?
3Also kriegt ich fehle Monde,
Wehsalnächte zugelost.
4Wenn ich mich lege, sag ich: wann wirds Tag?
Wenn ich aufsteh: wann wirds Abend?
Und bin, bis wann es weht, von Unrast satt.

5 Mein Fleisch sich in Gewürm gewandet,
die Haut mir harscht und schwärt.
6 Schnell wie ein Webschiffchen eiln meine Tage,
schwinden ohne Hoffnung hin.
7 Gedenke, Hauch nur ist mein Leben,
nie mehr sieht mein Auge Glück.

Ijob 7,1-7

Was tu ich dir?

8 Mich gewahrt kein sehend Auge,
blickst du zu mir, bin ich dahin.
9 Schwindet die Wolke, fort ist sie dann –
so steigt, wer hinabfuhr, nimmer herauf,
10 kehrt nimmer zurück in sein Haus,
nimmer erblickt ihn sein Ort.

11 So wehre ich den Mund mir nicht,
bedrängten Geists ich rede,
betrübter Seel ich klage:
12 Bin ich das Meer, das Ungetüm,
daß wider mich du Wache stellst?
13 Sag ich: mein Pfühl mich tröste,
mein Lager trag das Leid mit mir,
14 so ängstest du mit Träumen mich,
erschreckst mich mit Gesichten,
15 daß meine Seel das Erwürgen vorzieht,
ob meiner Martern den Tod ich verachte.
16 Ich lebe nicht für ewig,
laß ab von mir, denn Hauch sind meine Tage.

17Was ist der Mensch, daß groß ihn achtest,
auf ihn du richtest deinen Sinn,
18daß ihn du musterst jeden Morgen,
ihn prüfest jeden Augenblick?
19Kaum schaust du weg von mir,
läßt nicht zum Speichelschluck mich los!
20Fehle ich, was tu ich dir,
Menschenherzens Bildner du?
Warum stellst mich zum Ziele dir,
ward ich für dich zur Last?
21Warum hebst mein Vergehn nicht auf,
führst nicht hinüber meine Schuld?
Nun denn – zum Staube bett ich mich,
und suchst du mich, dann bin ich nirgendwo.

Ijob 7,8-21

Gedenk, daß du mich irden schufst

1Zum Ekel ward mein Leben mir,
ich überlaß mich meiner Klage,
ich red in meiner Seele Harm.
2Ich sag zu Gott: Sprich schuld mich nicht,
laß wissen mich, warum du mich befehdest.
3Behagts dir, daß Gewalt du übst,
verwirfst das Mühwerk deiner Hände,
doch leuchtest zu der Bösen Plan?
4Hast Fleischesaugen du,
siehst du, wie Menschen sehn?
5Sind wie des Menschen deine Tage,
wie Mannes Tage deine Jahre,

6daß Schuld an mir du suchst,
dem Fehl nachforschst an mir?
7Obschon du weißt, daß ich nicht schuld,
sich keiner deiner Hand entzieht.
8Mich formten, schufen deine Hände,
dann wandtest und verschlangst du mich.
9Gedenk, daß du mich irden schufst,
zu Staub mich wieder wandelst.

Ijob 10,1-9

Hoffnung gibt es für den Baum

1Der Mensch vom Weib geboren,
an Tagen kurz und unrastsatt –
2blüht auf wie eine Blume, welkt.
Flieht wie Schatten, währet nicht.
3Und ob dem dein Aug du öffnest,
ihn führst ins Gericht mit dir?
4Wie käm ein Reiner vom Befleckten?
Auch nicht einer!
5Wenn bemessen seine Tage,
seiner Monde Zahl bei dir,
sein Ziel du steckst, und er nicht drüber kann –
6schau weg von ihm! Laß ab!
Ihn freu es wie den Fröner seines Tags.
7Ja, Hoffnung gibt es für den Baum,
wann gefällt, so treibt er wieder,
und sein Schößling bleibt nicht aus.
8Wann in der Erde seine Wurzel altet,
sein Stumpf im Staube stirbt –

9 vom Ruch des Wassers sproßt er auf,
schiebt wie ein Setzling Zweige.
10 Doch stirbt ein Mann, ists aus mit ihm,
der Mensch verscheidet, ist nicht mehr.
Ijob 14,1-10

Gott gibt mich preis

11 Gott gibt mich den Schlimmen preis,
in Frevlerhände stößt er mich.
12 Geruhig war ich, da scheuchte mich auf,
packt er im Nacken, zerschmetterte mich,
stellte mich hin als sein Ziel.
13 Rings umschwirrn mich seine Pfeile,
er spleißt meine Nieren, schonet nicht,
verschüttet meine Galle zur Erde.
14 Bresch auf Bresche bricht er mir,
prescht mich wie ein Krieger an.
15 Den Sack hab auf meine Haut ich genäht,
gebohrt mein Horn in den Staub.
16 Mein Antlitz sich vom Weinen rötet,
Urnacht ist auf meinen Wimpern,
17 ob auch kein Unbill ist an meinen Händen
und lauter mein Gebet.
18 O Erde, hehle nicht mein Blut,
und ohne Ruhstatt sei mein Schrei!
19 Wohlan, im Himmel mein Gewährsmann ist,
mein Zeuge jetzt noch in den Höhn!
20 O fände sich mein Freund mir ein,
zu Gott mein Auge träuft.

21 Recht schaff er dem Mann bei Gott,
und zwischen Mensch und Mensch.
22 Denn nur gezählte Jahre kommen,
ich geh den Pfad, auf dem ich nimmer kehr.
Ijob 16,11-22

Erbarmt euch, meine Freunde

13 Fern von mir sind meine Brüder,
fremd mich meine Trauten meiden.
14 Die Nächsten und Vertrauten hören auf,
die Gäste meines Hauses mich vergessen.
15 Für fremd mich achten meine Mägde,
andern Stamms bin ich in ihren Augen.
16 Ich ruf meinem Knecht, er antwortet nicht,
mit Bittwort seine Gunst ich fleh.
17 Mein Atem widert an mein Weib,
ich stinke meines Schoßes Söhnen.
18 Gar die Buben mich verachten,
steh ich auf, drehn den Rücken sie mir zu.
19 All meine Genossen verabscheuen mich,
gegen mich sind, die ich liebe, verkehrt.
20 Mein Knochen an der Haut mir klebt,
kahl ward ich an meiner Zähne Haut.
21 Erbarmt, erbarmt euch mein, ihr meine Freunde!
Denn Gottes Hand hat mich getroffen.
22 Warum verfolgt ihr mich wie Gott,
und werdet meines Fleischs nicht satt?
Ijob 19,13-22

Warum bleiben Schuldige leben?

7Warum bleiben Schuldige leben,
altern sie, erstarken gar an Kraft?
8Ihr Same fest vor ihnen steht,
weit ihren Augen sich dehnt ihr Gesproß,
9heil ihre Häuser, ohne Schreck,
Gottes Rute nicht ob ihnen!
10Ihr Stier bespringt und stößt nicht ab,
ihre Kuh trägt aus und wirft nicht fehl.
11Ihre Buben treiben wie Schafe sie aus,
wie Kälber ihre Kinder hüpfen.
12Zu Pauke und Zither stimmen sie an,
sie freun sich beim Schall der Schalmei,
13verbrauchen im Glück ihre Tage,
fahren geruhig hinab zur Scheol.
14Zu Gott aber sprechen sie: »Weiche von uns!
Das Kennen deiner Wege gehren wir nicht.
15Was ist Allwalt, daß ihm wir dienen,
was frommt es, daß wir dringen in ihn?«
16Ist nicht das Glück in ihrer Hand,
und fern von ihm der Frevler Plan?
17Wie oft verlöscht der Frevler Lampe,
überkommt sie ihr Verderben,
lost er im Zorne Verhängnisse zu?
18Sind wie Häcksel sie vorm Wind,
wie Spreu, die fegt der Sturm dahin?

Ijob 21,7-18

Verlorene Vergangenheit

1 Fortfuhr Ijob, seinen Spruch vorzutragen,
sprach:
2 O wär ich wie in frühern Monden,
den Tagen, da Gott mich bewahrte,
3 strahlen mir ließ seine Leuchte zu Häupten,
in seinem Licht durchs Dunkel ich ging,
4 wie in den jungfrischen Tagen ich war,
als Gott mein Gezelte beschirmte,
5 als Allwalt noch mit mir war,
rings um mich her meine Jungen,
6 als badeten sich meine Schritte in Milch,
Bäche von Öl der Felsen ergoß.
7 Ging ich hinaus zum Tor bei der Stadt,
stellt ich am Markt meinen Sitz –
8 sahn mich die Jungen und bargen sich scheu,
erhoben sich, standen die Alten,
9 hielten Häuptlinge inne mit Reden,
legten die Hand auf den Mund,
10 verstummte die Stimme der Edlen,
am Gaum ihnen klebte die Zunge.
11 Hörte ein Ohr mich, pries es mich selig,
sah mich ein Auge, gab Zeugnis es mir:
12 daß ich befreite den Armen, der schrie,
den Waisen, der war ohne Helfer.
13 Der Segen Verlorener kam über mich,
jubeln macht ich der Witwe Herz.
14 Ich kleidete mich mit Gerechtigkeit, mich aber
kleidete wie Mantel und Turban mein Recht.

15 Augen war ich dem Blinden,
Füße dem Lahmen ich war.
16 Vater war ich den Armen,
des Unbekannten Streit ich prüfte,
17 zerschmetterte Bösewichts Kiefer,
entriß seinen Zähnen den Raub.
Ijob 29,1-17

Unheile Gegenwart

9 Nun aber bin ich ihre Spottmelodei,
bin ihr Klatsch ich geworden,
10 ächten sie mich, rücken ferne sie mir,
scheuen sie nicht, ins Gesicht mir zu spein,
11 weil er gelöst meine Sehne, mich niedergedrückt,
lassen die Zügel sie fahren vor mir.

16 Und nun verströmt mir meine Seele,
packen mich des Elends Tage.
17 Die Nacht zerbohrt mein Gebein,
meine Nager nicht schlummern.
18 Mit großer Gewalt er faßt mein Gewand,
schnürt hemdhalseng meinen Gurt,
19 schleudert in Lehm mich hinein,
daß ich Staub und Asche gleiche.
Ijob 30,9-11.16-19

Du erwiderst mir nicht

[20]Ich schreie zu dir, du erwiderst mir nicht,
ich stehe, du nimmst mich nicht wahr:
[21]du wandelst dich zum Peiniger mir,
geißelst mich mit der Wucht deiner Hand,
[22]Du hebst mich im Winde, lässest mich reiten,
Sturm setzt mich in wogende Angst –
[23]ich weiß ja, zum Tod du mich wendest,
ins Sammelhaus alles Lebendigen.
[24]Doch – nicht an den Flehenden legt er die Hand,
wird nicht in der Not er gerettet?
[25]Weinte ich nicht mit den Hartheimgesuchten,
jammert' es nicht meine Seele der Armen?
[26]Ja – Gutes ich hoffte, gekommen ist Böses,
des Lichtes ich harrte, gekommen ist Düstres.
[27]Mein Eingeweid kocht und hat keine Ruh,
des Elends Tage begegneten mir.
[28]Trüb ich wandle, Schutzes bar,
steh auf in der Menge, schrei.
[29]Bruder bin den Schakalen ich worden,
den Straußenhennen Genosse.
[30]Schwarz ward die Haut mir am Leib,
vom Fieber brennt mein Gebein.

Ijob 30,20-30

Ijobs Verteidigung

Steh mir Rede!

1Ich schloß einen Bund mit meinen Augen,
auf keine Jungfrau hinzuschaun.
2Was ist die Zulosung Gottes von droben,
das Teil von Allwalt in den Höhn?
3Ist nicht Verderben dem Frevler bestimmt,
Verwerfung denen, die Arges tun?
4Ist er es nicht, der sieht meine Wege,
der nachzählt all meine Schritte?

5Wenn ich mit Männern der Lüge gewandelt,
geeilt zum Truge mein Fuß,
6wäge er mich mit richtiger Waage –
erkennen wird Gott meine Rechtschaffenheit.
7Wenn mein Schritt vom Wege gewichen,
mein Herz meinen Augen nachlief,
ein Makel mir klebt an den Händen –
8Säen will dann ich, ein andrer esse,
entwurzelt werde, was immer mir sproßt.
9Wenn tören sich ließ mein Herz um ein Weib,
lauerte ich an der Tür meines Nächsten –
10Mahle mein Weib einem andern das Mehl,
sollen sich andere krümmen auf ihr.
11Denn dieses ist Schandtat,
das ist vom Richter zu strafende Schuld.
12Denn ein Feuer ists, das frißt bis zum Abgrund
und mir entwurzelt den ganzen Ertrag.

[13]Wenn ich mißachtet das Recht meines Knechts,
und das meiner Magd, im Streite mit mir –
[14]was tät ich, wenn Gott sich erhöbe,
prüfte er mich, was entgegnet ich ihm?
[15]Schuf nicht auch ihn mein Schöpfer im Schoß,
bereitete uns nicht einer im Leibe?
[16]Wenn ich geweigert der Schwachen Begehr,
schmachten ließ die Augen der Witwe,
[17]wenn allein meinen Bissen ich aß,
der Vaterlose nicht aß davon –
[18]denn seit meiner Jugend zog groß er mich
wie ein Vater
vom Leib meiner Mutter an führte er mich.
[19]Wenn ich Verlorene sah ohne Kleid,
bar der Decke den Armen –
[20]wenn seine Lenden nicht segneten mich,
ihn meiner Lämmer Wolle nicht wärmte,
[21]wenn über Waisen ich schwang meine Hand,
weil ich im Tor meine Handlanger sah –
[22]falle die Schulter mir vom Genick,
brech mir der Arm vom Gelenk.
[23]Denn Gottes Schrecken gewaltet auf mir,
seine Hoheit ertrage ich nicht.

[24]Wenn auf Gold mein Traun ich setzte,
Feingold meine Feiung nannte –
[25]wenn ich mich freute, daß reich meine Habe,
daß groß gewann meine Hand –
[26]wenn ich sah, wie sie strahlte, die Leuchte,
den Mond gar prachtvoll wallend,

27 und tören heimlich mein Herz sich ließ,
daß küßte die Hand mir den Mund –
28 auch das vom Richter zu strafende Schuld,
denn Gott da droben hätt ich verleugnet.

29 Wenn ich der Not meines Hassers mich freute,
Jubel schrie, wann Böses ihn traf –
30 doch ich verbot meinem Gaumen zu fehlen,
durch Fluch seine Seele zu fordern.
31 Wenn meines Zeltes Genossen nicht sagten:
wer ward von ihm nicht gesättigt mit Fleisch? –
32 nicht hat im Freien der Fremdling genächtigt,
dem Wandrer tat meine Türen ich auf –
33 wenn meine Frevel vor Menschen ich hehlte,
bergend die Schuld mir im Busen,
34 und schwieg, nicht hinausging zur Tür,
weil den großen Schwarm ich scheute,
der Sippen Verachtung mich schreckte –
38 wenn mein Acker schrie über mich,
weinten seine Furchen zumal,
39 wenn seine Kraft ich zehrt ohne Geld,
schnaufen die Seel seiner Eigner ich ließ –
40a wachse statt Weizen Gedörn,
statt Gerste der stinkende Lolch!

35 Gäb einen es doch, der mich hört!
Da – mein Zeichen! Steh Allwalt mir Red!
Doch die Schrift, die schriebe mein Kläger:
36 Fürwahr, ich höb auf die Schulter sie mir,
ich wände als Kranz sie mir um.

37 All meine Schritte wiese ich ihm,
ich nahte mich ihm wie ein Fürst.
40b Zu Ende sind die Worte des Ijob.

Ijob 31,1-40

V. Zeit der Umkehr

Ich wußte ja:
Du bist ein Gott –
gnadend und erbarmend, langmütig und huldreich,
und weh aufstöhnend um das Unheil.
Jona 4,2

»Theologie im Vorhof« – das ist die meine, so hieße ich sie, wenn ihr ein Name zu geben wäre. Hier, im Vorhof, um es genau zu sagen: im Vorhof der Heiden, steht auf Abbruch mein Zelt. Ein großes Hörensagen trägt mir durch die Luft die Kunde vom Heiligtum zu, Psalmen höre ich hallen von fern; es ist Nacht...Groß ist der Vorhof; wer ins Heiligtum will, hier muß er hindurch...
Ist es bis zur »Stätte der Begegnung« noch weit? Einsam zelte ich hier; es ist sehr still. Wo sind die »Pilger« – die anderen, sind sie alle schon drin? Gibt es da ein »breites Tor«, durch das sie ohne Aufhalt im Vorhof hineingelangt sind? Hinein – wo hinein?...

Hier ist es still. Die Nacht schweigt tief. Über meinem Zelt stehn die Sterne, Abermillionen Sterne, schön und schrecklich, und schweigen in sich hinein, als wüßten sie es oder als wüßten sie nichts... Wie still es hier ist! Nur die Psalmen fern wo ver-hallend, und ein Hörensagen, raunend sehr leise, manchmal ein Aufschrei mich schreckend, und ich lausche wie Wild auf der Lauer, und meine Augen schweifen nomadisch... Vorhof – Zelt – »Theologie«? Abbruch! Auf! Ich muß weiter! Das Heiligtum! Die Stätte! Ich finde sie nicht, es sei denn, DU riefest mich hin. Wenn du bist, wenn du du bist, komm!

Fridolin Stier

Ich und Du

Unsere Tage recht zu zählen

1 Mein Herr, Heimat bist du uns gewesen
in Geschlecht um Geschlecht!
2 Ehe die Berge wurden geboren,
in Wehen sich Erde und Festland wanden
– von ureinsther bis urletzthin,
Gott, bist du.

3 Zurück zum Staub
heißt du den Menschen kehren,
du sprichst: Kehrt zurück, ihr Adamkinder!
4 Ja, tausend Jahre – in deinen Augen sind sie
wie der gestrige Tag, wenn er vorüber,
wie eine Wache zur Nacht.

5Du fegst sie weg, ein Schlaf sind sie,
am Morgen sprossen sie wie Gras:
6Am Morgen blüht es und sproßt,
am Abend welkt es und dorrt.

7Ja, wir schwinden hin durch deinen Zorn,
durch deinen Grimm sind wir geschreckt:
8Du stellst unsere Fehltaten dir gegenüber,
unser Verstecktes ins Leuchten deines Angesichts.
9Ja, in deiner Aufwallung verziehn unsere Tage,
schwinden wie ein Seufzer unsere Jahre.
10Unsre Jahrestage sind: siebzig Jahre,
und wenns hochkommt: achtzig Jahre,
und ihre Unrast ist Mühsal und Weh.
Denn schnell gehts dahin,
und wir sind verflogen.

11Wer kennt deines Zornes Macht,
wer gewahrt deiner Aufwallung Wucht?
12Unsre Tage recht zu zählen – laß es wissen,
daß wir ein weises Herz bekommen!

13Kehr doch um, Jahwe! Bis wannhin noch!
Leid seis dir um deine Knechte!

14Zum Morgen sättige uns mit deiner Huld,
daß wir jauchzend uns freuen all unsre Tage!
15Erfreue uns so viele Tage, wie du uns beugtest,
so viele Jahre, wie Böses wir sahen.

16Sehen lasse sich deinen Knechten dein Wirken
dein Glanz auf ihren Kindern!

17Es sei über uns die Milde meines Herrn,
unseres Gottes.
Und das Werk unsrer Hände laß dauern über uns
ja, das Werk unsrer Hände – lasse es dauern!

Psalm 90

Du meine Bergung

1Wer im Versteck des Höchsten sitzt,
im Schatten Allwalts nächtigt,
2der spricht zu Jahwe: Meine Bergung und Burg,
mein Gott, in dem ich sicher bin.
3Ja, er entreißt dich der Falle des Fängers,
der alles verzehrenden Pest.
4Mit seiner Schwinge deckt er dich zu,
unter seinen Flügeln bist du geborgen,
Schild und Wall ist seine Treue.
5Du fürchtest dich nicht
vor dem Schrecken der Nacht
vor dem Pfeil, der fliegt des Tags,
6vor der Pest, die im Dunkel umgeht,
vor dem Fieber, das wütet am hellichten Tag.
7Fallen tausend dir zur Seite
zehntausend dir zur Rechten,
an dich gehts nicht heran.
8Doch mit deinen Augen blickst du hin
und schaust die Vergeltung an Frevlern.

9Denn du, Jahwe, bist meine Bergung,
du, Höchster, gibst mir Heimat bei dir.

10Kein Unheil stößt dir zu,
kein Schlag naht deinem Zelt.
11Denn seine Boten befiehlt er dir zu,
dich auf all deinen Wegen zu hüten.
12Auf Händen tragen sie dich,
daß sich dein Fuß nicht stoße an einem Stein.
13Du schreitest über Löwe und Natter,
trittst nieder Jungleu und Drachen.

14Weil er an mich sich hängt,
rette ich ihn, ich schütze ihn,
denn er kennt meinen Namen.
15Er ruft mich und ich erhöre ihn,
in der Drangsal bin ich bei ihm.
Ich mache ihn frei und verschaffe ihm Herrlichkeit.
16Mit der Länge der Tage mach ich ihn satt,
schauen lasse ich ihn meine Rettung.

Psalm 91

Du kennst mich

1Jahwe! Du hast mich erforscht und erkannt.
2Du! Du erkennst mein Sitzen und Stehen,
du merkst mein Denken von fern.
3Meines Wanderns und Lagerns bist du gewahr,
mit all meinen Wegen vertraut.
4Wenn noch kein Wort auf meiner Zunge,
schon erkennst du, Jahwe, es ganz.
5Hinten, vorn engst du mich ein,
hältst deine Faust auf mich gelegt:

6 Zu entrückt ist dies Erkennen mir,
zu ragend, ich kann ihm nicht hin.

7 Wohin kann ich gehn vor deinem Geist
wohin fliehen vor deinem Angesicht?
8 Stieg ich die Himmel hinan, bist du dort,
bettet ich mich in der Unterwelt, bist du da.
9 Erhöb ich die Flügel der Morgenröte
und ließe mich nieder am hintersten Meer
10 auch dort packte mich deine Hand,
ergriffe mich deine Rechte.
11 Und spräch ich:
Nur Finsternis decke mich zu,
Nacht sei das Licht um mich her!
12 Auch Finsternis finstert dir nicht,
Nacht ist dir leuchtend wie Tag,
Finsternis wie Licht.
13 Du hast ja, du, meine Nieren bereitet,
mich gewoben im Leib meiner Mutter.
14 Ich preise dich,
daß in Furchtwürdigkeiten du dich entrückst,
Entrücktes deine Werke sind
– gar sehr erkennt es mein Leben.
15 Nicht war dir mein Gebein verhohlen,
als ich gemacht ward im Verborgenen,
buntgewirkt im Untergrund der Erde.
16 Als Keimling sahn mich deine Augen,
und in dein Buch ward alles geschrieben,
und Tage wurden schon gebildet,
da noch keiner unter ihnen war.

17 Ich aber! Wie schwer, Gott,
sind deine Gedanken mir,
wie gewaltig ihre Summen!
18 Wollt ich sie zählen, sind sie mehr als der Sand,
und hätt ich geendet, noch wär ich bei dir.

19 Wenn du den Frevler doch umbrächtest, Gott:
– Ihr Blutmenschen, weichet von mir!
20 Sie, die in Tücke dich nennen,
die schwören zum Falschen!
21 Sollt ich deine Hasser nicht hassen, Jahwe,
verabscheuen nicht, die gegen dich sich erheben?
22 Mit urletztem Hasse hasse ich sie,
mir zu Feinden sind sie geworden!
23 Erforsche mich, Gott, daß mein Herz du erkennst,
prüfe mich, daß meine Sorgen du kennst,
24 sieh her, ob ich auf den Weg der Kränkung geh,
und führ mich auf dem Wege der Vorzeit.

Psalm 139

Jahwe der Scharen ist mit uns

2 Gott ist uns Bergung und Macht,
als Hilfe in Drangsalen viel bewährt.
3 Drum fürchten wir nicht, ob taumelt die Erde,
ob wanken die Berge im Herzen des Meeres.
4 Ob toben, tosen seine Wasser,
die Berge beben ob seinem Prahl:
Jahwe der Scharen ist mit uns,
die hohe Burg uns Jakobs Gott!

5Ein Strom – seine Arme erfreuen Gottes Stadt,
die heiligste der Wohnungen des Höchsten.
6Gott ist ihr Mittinnen, drum wankt sie nicht.
Ihr hilft Gott zur Morgenfrüh.
7Toben Völker, wanken Reiche
– er donnert drein, da wogt die Erde:
8Jahwe der Scharen ist mit uns,
die hohe Burg uns Jakobs Gott!

9Geht und schaut die Taten Jahwes,
der Schauriges auf Erden schafft:
10Den Garaus den Kriegen macht
bis an das End der Erde,
den Bogen bricht, den Speer zerspellt,
die Wagen im Feuer zerbrennt.
11Laßt ab! Erkennt: Nur Ich bin Gott,
hoch bei den Völkern, hoch auf der Erde:
12Jahwe der Scharen ist mit uns,
die hohe Burg uns Jakobs Gott!

Psalm 46

Du läßt mich im Sicheren wohnen

2Wenn ich rufe, antworte mir,
Gott, du mein Gerechter!
Im Engen mache mirs weit,
sei gnädig mir und höre mein Gebet.

3Ihr Herrensöhne, wie lang noch
geschmäht wird meine Herrlichkeit,

liebt ihr nichtiges Wort,
fragt ihr nach lügendem Spruch?

4 So wisset: Jahwe tut Wunder seinen Getreuen,
Jahwe hört, wenn ich rufe zu ihm.
5 Erzittert und sündigt nicht.
Besprecht es im Herzen,
auf eurem Lager – und schweigt.
6 Opfert rechte Opfer, und wißt euch sicher in Jahwe.

7 Viele sagen: Wer gibt Gutes uns zu schauen?
Verhüllt ist über uns
das Leuchten deines Angesichts, Jahwe!
8 Du gibst mir mehr Freude ins Herz
als in der Zeit, da Korn und Wein sich mehren.
9 In Frieden leg ich mich nieder und schlafe.
Denn du, Jahwe, du allein,
läßt mich im Sicheren wohnen.

Psalm 4

Du bist mit mir

1 Mein Hirt ist Jahwe! Mir mangelt nichts:
2 Er lagert mich in grasigen Auen,
er führt mich an ruhsame Wasser.
3 Er holt mir das Leben zurück,
er leitet mich in rechten Bahnen
– um seines Namens willen.
4 Auch wenn ich geh in dunklem Tal,
ich fürchte Böses nicht.

Denn: Du bist mit mir,
deine Keule und dein Stock – die mutigen mich.
5 Du rüstest den Tisch vor mir zu
meinen Drängern gegenüber,
du salbst mein Haupt mit Öl, mein Becher überquillt.
6 Nur Gutes und Huld mich verfolgen
all meines Lebens Tage.
Und ich wohne im Hause Jahwes,
solang die Tage währen.

Psalm 23

Du mein Heraushelfer

2 Herzinnig hab ich dich lieb,
Jahwe, du meine Stärke.
3 Jahwe, meine Fluh, meine Trutzburg,
mein Heraushelfer du.
Mein Gott ist mein Fels, bei dem ich mich berge,
mein Schild und mein rettendes Horn,
meine Burgflucht, gepriesen!
4 Ich rief Jahwe
und ward vor meinem Urfeind gerettet.

5 Mich umwallten Wogen des Todes,
Sturzbäche des Verschlingers umschauderten mich,
6 die Stricke der Abwelt umwanden mich,
von vorn nach mir schnappten die Fallen des Todes.
7 In meiner Angst rief ich Jahwe,
zu meinem Gott ich schrie –

er hörte meine Stimme von seiner Halle her,
mein Schreien ihm ins Angesicht –
es kam zu seinen Ohren.
8 Da schüttert, da rüttert die Erde,
die Sockel der Berge erbebten,
wurden erschüttert, da es lohte in ihm.
9 Qualm aus seiner Nase quoll,
Feuer aus seinem Munde fraß,
Kohlen glühten von ihm.

10 Und er bog die Himmel seithin und fuhr hernieder,
Wetterschwarz unter den Füßen,
11 und er ritt auf dem Kerub und flog heran,
und da schwebt er auf dessen gespreiteten Flügeln.
12 Finsternis legt er zum Versteck um sich her,
zur Hütte wässriges Finster, Ballen von Wolken.
13 Aus dem Glanz vor ihm her,
fuhren wallend die Wolken,
Hagel und feurige Kohlen.

14 Und da donnert vom Himmel Jahwe,
gibt Laut seiner Stimme der Höchste
– Hagel und feurige Kohlen –
15 da schmiedet er seine Pfeile und schießt sie herum,
macht Blitze gar viele, jagt wirr sie umher.
16 Und da wurden sichtbar die Betten des Meeres,
entblößt die Sockel des Festlands
bei deinem Anbrüll, Jahwe,
beim Sturmschnaub deiner Nase.
17 Hochherab langte, packte er mich,
zog mich aus vielen Wassern empor,

18 entriß mich meinem mächtigen Urfeind,
meinen Urhassern, die mir übergewaltig.
19 Sie schritten mir voran am Tag meines Hinschlags,
doch Jahwe ist mir Stütze geworden,
20 hat mich hinaus in das Weite geführt,
heraus mich gerissen, da er Lust hat an mir.

21 Jahwe lohnt mir nach meiner Gerechtheit Maß,
nach der Reinheit meiner Hände
gibt er mir zurück.
22 Denn gewahrt hab ich die Wege Jahwes
und nicht, meinen Gott verwünschend, gefrevelt.
23 Denn all seine Rechte sind mir vor Augen,
ich ließ seine Gesetze nicht weichen von mir.
24 Und vollbewährt ward ich bei ihm,
bewahrt habe ich mich vor Verschulden an ihm.

25 Und zurück hat Jahwe mir gegeben
nach meiner Gerechtheit Maß,
nach der Reinheit meiner Hände vor seinen Augen.
26 Mit dem Treuen zeigst du dich treu,
mit dem Mann, der vollbewährt,
bist du der Vollbewährte,
27 mit dem Geläuterten bist du lauter,
aber mit dem Krummen bist du der Gewundene.
28 Ja du, der Starke, rettest den Unterdrückten,
senkst hochmütige Augen.
29 Ja, du bists, der mir leuchtet.
Jahwe, mein Gott, durchglänzt meine Finsternis.
30 Ja, mit dir renn ich die Mauer an,
mit meinem Gott erspring ich den Wall.

31 O Gott, des Weg vollbewährt!
Jahwes Geheiß ist ausgeschlackt.
Schutzherr aller, die sich bergen an ihm.
32 Ja, wer ist da Gottheit außer Jahwe,
und wer ist da Fels neben unserem Gott?
33 Dem Gott, der mit Kraft mich gegürtet,
Schenkender du, dessen Weg vollbewährt,
34 der gleich denen der Hirsche meine Beine gemacht,
mich auf seine Höhen gestellt,
35 der meinen Händen den Kampf gelehrt,
den wundersamen Bogen
in den Arm mir gesenkt.
36 Und du hast deinen rettenden Schild mir gegeben,
mit deiner Rechten hast du mich gestützt,
durch dein Herabneigen groß mich gemacht.

37 Ins Weite hast du meine Schritte geführt,
meine Gelenke schlottern nicht.
38 Ich jagte meine Feinde und holte sie ein,
ich kehrte nicht um, eh ich sie vernichtet.
39 Ich schlug sie nieder, sie kommen nicht auf,
sie fallen mir unter die Füße.

40 Und du hast mich mit Kraft zum Kampfe gegürtet,
die gegen mich aufstehn, geduckt unter mich,
41 meiner Feinde Nacken mir hingegeben,
und ich habe meine Hasser getilgt.
42 Sie schreien, doch da ist kein Retter,
der Höchste, Jahwe – ihnen antwortet er nicht.
43 Und ich zerreibe sie wie Staub auf dem Platz,
zerstampfe sie wie Dreck in den Gassen.

44Entrinnen läßt du mich aus den Fehden der Stämme,
zum Haupt von Völkern hast du mich gesetzt,
Stämme, ich kannte sie nicht –
Knechte sind sie mir geworden.
45Auf Hörensagen gehorchten sie mir,
Fremdlands Söhne schmeichelten mir,
46Fremdlands Söhne erschlafften,
kommen aus ihren Schlössern geschlottert.

47Jahwe lebt, gepriesen mein Fels!
Erhöht mein rettender Gott!
48Der Gott, der mir Rächermacht gab,
Stämme ließ unter mir buckeln,
49der vor meinen Urfeinden mich geschont –
über die gegen mich aufstehen,
wirst du mich erhöhen,
Gewaltmenschen entreißest du mich.

50Darum preise ich dich bei den Völkern
und besinge deinen Namen, Jahwe,
51der groß macht seinen König durch rettende Taten,
und Huld erweist seinem Gesalbten:
David und seinem Gesproß die Zeit hin fort und fort.

Psalm 18

Erhebe deine Hand

Schau die Wehsal an

1 Warum, Jahwe stellst du dich fern,
verhüllst dich in Zeiten der Drangsal?
2 Des Frevlers Hochmut brennt auf Bedrückung,
umhechelt die Ränke, die er ausgeheckt.
3 Wenn hochlobt der Frevler sein Gelüst,
das Knie beugt der Ausbeuter vor seiner Gier
– verachtet er Jahwe.
4 Denn der Frevler, wenn hochhebt er seine Nase –
er fragt ihm nicht nach:
– Gott ist nicht da!
5 Zuend bringt er seine Pläne,
macht stark seine Macht für alle Zeit.
Hoch oben sind seine Gerichte; weg von ihm,
sein ganzes Inneres pfeift auf sie.
6 Er spricht in seinem Herzen: Ich wanke nicht.
In Zeiten um Zeiten ist er im Glück,
nie im Unheil.
7 Des Fluches voll ist sein Mund,
des Truges und Drohens,
unter seiner Zunge: Qual und Verruchtheit.
8 Er hockt auf der Lauer in Höfen,
mordet in Verstecken den Harmlosen,
nach dem Wehrlosen spähen seine Augen.
9 Er lauert im Versteck wie ein Löwe im Busch.
Er lauert, den Gedrückten zu schnappen,
er schnappt den Gedrückten im Gebüsch.

10 In seinem Schnappsack sich duckt der Geschlagene,
in seine Gruben Wehrlose stürzen.
11 Er spricht in seinem Herzen:
– Die Gottheit vergißt,
wendet ab ihr Gesicht, schaut niemals her.

12 Steh auf, Jahwe, Gott du!
Erheb deine Hand, vergiß nicht die Gebeugten.
13 Soll der Frevler auf Dauer Gott verachten,
sprechen in seinem Herzen:
– Du fragst nicht danach!
14 Schau du, ja du, die Qual, den Gram blicke an,
laß in deine Hand es legen!
Dir überläßt sich der Wehrlose, die Waise
– sei du der Helfer!
15 Zerbrich den Arm des Frevlers, des Bösen,
seiner Bosheit forsche nach
gewiß wirst du sie finden.

16 Jahwe von urher auf Weltzeit währender König!
Schwindet, ihr Völker, aus seinem Land!
17 Der Gebeugten Begehren höre, Jahwe.
Das Herz richte hin, dein Ohr lausche her:
18 Schaffst du den Waisen und Geschlagenen Recht,
wird der Wütling nicht länger
Menschen aus dem Land hinausschrecken.

Psalm 10

Keiner, der Gutes tut

1 Der Tor spricht in seinem Herzen:
– Da ist kein Gott!
Verderbt, abscheulich ist ihr Treiben,
keiner da, der Gutes tut!

2 Vom Himmel her
lugt Jahwe auf Adams Kinder nieder,
zu sehn, ob da ein Kluger,
ob einer da, der fragt nach Gott:

3 Allsamt sind sie abwegig, entartet zumal,
keiner da, der Gutes tut, kein einziger!

4 Wissen all die Unheilstifter nicht:
Die sein Volk auffressen –
sie fressen auf das Korn Jahwes,
das sie nicht eingeheimst.

5 Erschaudert, erschrecket gewaltig;
denn Gott ist im Kreis der Gerechten.
6 An der Sorge des Gebeugten geht ihr zuschanden;
denn Jahwe ist seine Bergung!

7 O daß von Zion käme die Rettung Israels!
Wenn Jahwe zuwendet die Wendung seines Volks –
dann jubelt Jakob, wird sich freuen Israel.

Psalm 14

Dir bieten sie Trotz

2 Auf meine Worte horch, Jahwe,
hab acht auf mein Reden,
3 merk auf mein lautes Gestöhn,
mein König und mein Gott.
Denn dich fleh ich an.
4 Jahwe, am Morgen hör meine Stimme,
am Morgen leg ich es dir vor, und spähe.

5 Denn Gefallen am Frevler
hat nur ein Nicht-Gott,
bei dir aber gastet kein Böser.
6 Nicht dürfen Prahler vor Augen dir treten,
du hassest alle Unheilstifter.
7 Hinschwinden läßt du die Lügenverkünder.
Die Männer, dies mit Götzen und Truggebild halten,
verabscheut Jahwe.

8 Ich aber, in der Fülle deiner Huld,
komm in dein Haus,
ich werfe in deiner heiligen Halle mich nieder
in Furcht vor dir.
9 Jahwe führ mich durch dein rechtes Walten.
Um meiner Anfeinder willen
mach gerade vor mir deinen Weg!

10 Denn in so eines Mund ist nichts Gegründetes,
sein Inleib ist von Verheerendem voll,
ein offenes Grab ist ihr Schlund,
mit ihrer Zunge bereiten sie Tod.

11 Laß büßen sie, Gott, ihre Ränke sie fällen,
ob ihrer Frevel Fülle stoß sie hinab!
Denn gegen dich sie trotzen.

12 Aber freuen sollen sich alle, die sich bergen in dir,
auf Weltzeit sollen sie jauchzen.
Und du sollst sie umhegen,
daß an dir sich beglücken, die deinen Namen lieben.
13 Denn du segnest den Gerechten, Jahwe.
Wie mit einem Schild umringst du ihn mit Gnade.

Psalm 5

Laß schwinden die Frevler

2 Preisen will ich dich, Jahwe, mit ganzem Herzen,
erzählen will ich all deine Wunder.
3 Freuen will ich mich, aufjauchzen zu dir,
besingen deinen Namen, du Höchster!
4 Wenn rückwärts meine Feinde kehren
hinstürzen, hinschwinden vor deinem Gericht.
5 Ja, schaffe Recht mir und Urteil
sitz auf dem Thron, gerechter Richter,
6 schilt die Völker, laß schwinden die Frevler,
ihren Namen lösch aus für Zeit und immer!

7 Der Feind – fertig seien sie!
Trümmer hinfort, gestürzt ihre Städte!
Es schwinde ihr Gedenken!
8 Seht! Jahwe – von urher hat er seinen Sitz,
gefestet seinen Thron zum Gericht.

9 Er, der den Erdkreis in Gerechtheit richtet,
die Nationen urteilt in Geradheit.

10 Er, Jahwe, sei Hochburg des Geknickten,
Hochburg in Zeiten der Drangsal.
11 Und in dir sollen sicher sich wissen,
die kundig sind deines Namens.
Denn du läßt nicht im Stich,
die dir nachfragen, Jahwe.

12 Besingt Jahwe, den Thronsaß von Zion,
verkündet seine Taten unter den Völkern.
13 Denn den Trauernden fragt er nach,
gedenkt ihres Klagens,
vergißt nicht den Schrei der Gebeugten.
14 Nimm dich meiner an, Jahwe,
sieh, wie ich gedrückt bin von meinen Hassern.
Heb mich empor von den Toren des Todes,
15 daß ich all deine Ruhmwürdigkeiten
in Tochter Zions Toren erzähle,
umjuble deine befreiende Tat.

16 Hinschwinden sollen die Völker
in den Schacht, den sie schufen,
im Netz, das sie heimlich gelegt,
soll sich fangen ihr Fuß.
17 Kundtue sich Jahwe, er halte Gericht.
Im Werk seiner eigenen Hände
sich verstricke der Frevler.

18 Zur Abwelt sollen die Frevler sich kehren,
all die Völker, die Gott vergessen.

19 Denn nicht für immer wird vergessen der Arme,
die Hoffnung der Gedrückten
nicht schwinden auf Weltzeit hin.
20 Steh auf, Jahwe!
Nicht soll der Mensch den Starken spielen.
Gerichtet werden sollen die Völker
vor deinem Angesicht.
21 Versetze, Jahwe, sie in lähmenden Schreck.
Erkennen sollen die Völker,
daß nur Menschen sie sind.

Psalm 9

Lausch auf mein Klagen

1 Höre, Jahwe, mein gerechtes Begehren.
Lausch auf mein Klagen, horch auf mein Beten:
von Lippen ohne Lüge.
2 Vor deinem Antlitz soll hervorgehen mein Recht.
Geradheit sollen schauen deine Augen.
3 Prüfe mein Herz, durchforsche es nachts,
schmelze mich aus –
du findest keine Schandtat an mir.
4 Mein Mund verging sich nicht an Werken
deiner Hände.
Auf deiner Lippen Rede – ich achtete darauf.
5 Am befohlenen Pfad hielten fest meine Schritte,
von deinen Fährten schwenkten meine Tritte nicht ab.

6 Ich rufe dich, so antworte mir denn, o Gott!
Neige dein Ohr zu mir, hör, was ich sage:

7 Zu Fall bringe deine Verhöhner, o Retter,
kneble mit deiner Rechten,
die gegen dich sich erheben.
8 Hüte mich wie des Auges Pupille,
versteck mich im Schatten deiner Flügel,
9 vor der Wut der Frevler, die mich umzwängen,
meinen Feinden, die in Gier mich umzingeln.
10 In Fett ist fest ihr Herz verpackt,
voll Hochmut redet ihr Mund.
11 Meine Schritte schlottern,
da sie mich umringen,
ihre Augen darauf richten,
daß ich zur Erde mich neige,
12 wie ein Löwe, der giert nach Raub,
wie ein Leu, der hockt im Versteck.

13 Steh auf, Jahwe, seiner Wut tritt entgegen,
zwing ihn in die Knie!
Laß entrinnen mein Leben
vor dem Frevler, der wider dich glüht!
14 Töte sie durch deine Hand, Jahwe,
der Tod schaffe sie aus der Welt.
Mach, daß sie sterben, hinweg von den Lebenden.
Den Bewahrten aber fülle den Leib,
satt werden laß ihre Söhne,
hinterlassen ihren Rest ihren Kindern.
15 Ich aber, wenn geschehen ist Recht,
will schauen dein Antlitz,
sättigen mich beim Erwachen an deiner Gestalt.

Psalm 17

Lösche meine Abtrünnigkeiten

In Schuld hinein geboren

3 Gnädig sei mir, Gott, in deiner Huld,
in deines Erbarmens Fülle
lösche meine Abtrünnigkeiten.
4 Völlig wasche mir weg meine Schuld,
von meiner Sünde reinige mich.

5 Denn meine Abtrünnigkeiten –
ich, ja ich erkenne sie,
meine Sünde ist stets mir zugegen.
6 An dir allein habe ich gesündigt,
das Böse in deinen Augen – ich habe es getan,
so daß du gerecht erscheinst in deinem Reden,
lauter in deinem Richten.

7 Wenn in Schuld hinein
ich ward unter Wehen geboren,
in Sünde hinein
meine Mutter in Brunst mich empfing,
8 wenn du Treue verlangst in verborgenen Dingen,
Weisheit in Geheimem zu erkennen mir gibst
9 entsündige mich mit Ysop, daß rein ich werde,
wasche mich, daß weißer ich werde als Schnee.

10 Laß Frohlocken und Freude mich hören,
jauchzen die Gebeine, die du zerschlagen.
11 Verhülle dein Angesicht
vor meinen Sünden,
und all meine Verschuldungen lösche.

12Ein reines Herz erschaffe mir, Gott,
und neuen Geist, beständigen, leg in mich hinein.
13Verwirf mich nicht vor deinem Angesicht,
und deinen heiligen Geist nimm nicht von mir.
14Kehr wieder das Frohlocken deiner Rettung mir zu,
und mit willigem Geist mich stütze.
15Abtrünnige will ich deine Wege lehren,
daß Sünder umkehren zu dir.

16Aus Bluttat reiß mich heraus, Gott,
daß meine Zunge, Gott,
deine Gerechtheit preise.
17Mein Herr, öffne meine Lippen,
daß künde mein Mund deinen Ruhm.
18Denn: Nicht an Schlachtopfern hast du Gefallen,
und brächt ich ein Brandopfer,
du nähmst es nicht gnädig.
19Das Schlachtopfer Gottes ist erschütterter Geist.
Ein erschüttertes und zerschlagenes Herz
– das wirst du, Gott, nicht verachten.

20Tu Gutes Zion in deiner Gnade,
baue Jerusalems Mauern auf.
21Dann hast du Freude an rechten Opfern,
an Brandopfern und Ganzopfern.
Dann sollen Stiere geopfert werden auf deinem Altar.

Psalm 51

Führ mich den Weg der Treue

2 Zu dir, Jahwe, erheb ich mein Leben
mein Gott, in dir ist mein Halt.
Nicht zuschanden laß mich werden,
nicht hämisch höhnen meine Feinde über mich.
3 Die laut dich rufen alle –
sie werden nicht zuschanden.
Zuschanden werden nur, die losen Verräter.

4 Tu Jahwe deine Wege mir kund,
lehre mich deine Pfade.
5 Führ mich den Weg der Treue zu dir und lehre mich.
Denn du bist der Gott meiner Rettung,
du, den ich rufe den ganzen Tag.

6 Gedenk deines Erbarmens, Jahwe,
und deiner Hulderweise –
denn sie sind von Urzeit her.
7 Der Sünden meiner Jugend und meiner Frevel –
gedenke ihrer nicht.
Nach deiner Huld gedenke mein,
bei deiner Güte, Jahwe.

8 Gut und gerad ist Jahwe;
drum weist er Sündern den Weg.
9 Sich Beugende führt er den Weg des Rechts,
lehrt die Gebeugten seinen Weg.
10 Alle Pfade Jahwes – Huld und Treue sind sie;
denen die wahren seinen Bund und sein Zeugnis.
11 Um deines Namens willen, Jahwe –
vergib doch meine Schuld, sie ist so groß.

12 Wer ist der Mann, der fürchtet Jahwe?
Ihn unterweist er im Weg, den er wähle.
13 Im Guten nächtigt sein Leben,
seine Nachkunft erbt das Land.
14 Die Jahwe fürchten leben im Frieden,
nur ihnen gibt er seinen Bund zu erkennen.
15 Zu Jahwe gehen stets meine Blicke,
denn er nur zieht aus dem Netz meine Füße.

16 Wende dich mir zu und sei mir freundlich,
denn einsam bin ich und gebeugt.
17 Weite, was das Herz beengt.
Aus meiner Angst zieh mich heraus.
18 Schau mein Elend, meine Qual,
und trag weg all meine Sünden.
19 Schau meine Feinde, es sind ihrer viele,
mit Haß und Gewalttat hassen sie mich.
20 Behüte mein Leben und rette mich,
nicht zuschanden laß mich werden,
wo ich doch bei dir mich berge.
21 Laß Unschuld und Geradheit mich beschützen,
wo ich doch dich erharre.
22 Gott, erlöse Israel aus allen seinen Ängsten.

Psalm 25

Schauen sein Angesicht

1 In Jahwe bin ich geborgen.
Wie könnt ihr zu meinem Leben sagen:
– Flücht ins Gebirg wie ein Vogel!

2 Ja, schon spannen die Frevler den Bogen,
richten den Pfeil auf der Sehne,
im Dunkel zu schießen auf Herzensgerade.
3 Werden die Grundstöcke niedergerissen –
was wird er, der Gerechte dann tun?
4 Jahwe – in seinem heiligen Tempel,
Jahwe – in den Himmeln sein Thron:
Es schauen seine Augen,
es prüfen seine Wimpern die Adamsöhne.
5 Jahwe, den Gerechten prüft er und den Frevler;
den Gewaltliebenden haßt sein Leben.
6 Regnen läßt er auf Frevler
feurige Kohlen und Schwefel,
und rasendes Stürmen ist ihres Bechers Teil.
7 Ja, gerecht ist Jahwe, gerechte Taten er liebt.
Der Rechtschaffene wird schauen sein Angesicht.

Psalm 11

Selig der Mann

1 Selig zu preisen ist der Mann,
der nicht nach dem Rat der Frevler geht,
sich auf den Weg der Sünder nicht stellt,
am Sitze der Spötter nicht sitzt.
2 Nein, seine Lust hat er an der Weisung Jahwes,
seine Weisung besinnt er Tag und Nacht.
3 Er ist wie ein Baum, gepflanzt an Wassergräben,
der seine Frucht bringt je zur Zeit,
des Laub nicht welkt.
Und all sein Schaffen gerät ihm gut.

4 Nicht so die Frevler!
Nein, wie Spreu sind sie, die Wind verweht.
5 Drum halten Frevler nicht stand im Gericht,
Sünder nicht in der Gemeinde der Gerechten.
6 Denn wahrnimmt Jahwe den Weg der Gerechten,
der Weg der Frevler geht nirgendwohin.

Psalm 1

Schaffe mir Recht

Erledigt ist der Rechtgewillte

2 Hilf doch, Jahwe!
Denn erledigt ist der Rechtgewillte,
dahin die Treuen unter den Adamkindern!
3 Unwahr reden sie einer zum andern,
die Lippe glatt, mit zweierlei Herzen reden sie.
4 Ausrotte Jahwe all glatte Lippen,
die großtuerisch redenden Zungen,
5 sie, die da sagen:
Durch unsre Zunge übermächtigen wir,
unsre Lippen stehn uns bei! Wer ist Herr über uns?
6 Ob der Plünderung der Bedrückten,
ob des Ächzens der Armen steh jetzt ich auf,
spricht Jahwe, ich setze ins Heil den Bestöhnten.
7 Die Worte Jahwes sind lautere Worte,
Silber, geschmolzen am Stollen der Erde,
siebenfältig ausgeschlackt.

8Du, Jahwe, du wirst sie wahren,
uns hüten allzeit vor diesem Geschlecht,
9da ringsum Frevler sich ergehen,
je mehr Gemeinheit hochkommt
unter den Adamkindern.

Psalm 12

Reiß mich heraus

2Jahwe, mein Gott! In dir bin ich geborgen,
befrei mich von all meinen Verfolgern
und reiß mich heraus!
3Daß er nicht wie ein Löwe mich packt,
meine Kehle zerfleischt, und mich keiner herausreißt.

4Jahwe, mein Gott! Wenn ich dieses getan:
Wenn Rechtsbruch ist in meiner Hand,
5wenn ich Böses zugefügt meinem Friedner
und grundlos meinen Bedränger geplündert –
6verfolge der Feind und hole mich ein,
stampfe zur Erde mein Leben,
laß wohnen meine Herrlichkeit im Staub.

7Steh auf, Jahwe, in deinem Zorn,
recke dich der Wut meiner Bedränger entgegen.
Rühr dich, mein Gott, das Gericht biete auf!
8Und die Völkerversammlung umschare dich rings,
und über ihr hoch throne du!

9Jahwe spreche Urteil den Völkern.
Richte mich, Jahwe, nach meiner Gerechtheit

und meiner Vollbewährtheit Maß,
die mir zu eigen.
10 Räche die Bosheit der Frevler,
fest lasse stehn den Gerechten.
Prüfer der Herzen und Nieren sei du, gerechter Gott!
11 Mein Schild ist bei Gott,
Befreier der Herzensgeraden.
12 Gott, gerechter Richter,
und ein Gott, ahndend all Tag!

13 Wenn doch der Starke wieder wetzte sein Schwert,
spannte seinen Bogen und rüstete ihn!
14 Sich selber rüstet er das Todesgerät,
macht seine Pfeile zu Flammen!
15 Da! Verruchtheit leibt er sich ein,
geht schwanger mit Qual, gebiert den Verrat.
16 Ein Loch gräbt er und schaufelt es aus,
er fällt in den Schacht, den er selber gemacht.

17 Auf seinen Kopf kehrt sich sein Quälen,
auf seinen Schädel sinkt seine Gewalt.

18 Preisen will ich Jahwe
nach seiner Gerechtheit Maß.
Singen will ich dem Namen Jahwes, des Höchsten.

Psalm 7

Ein Schild bist du mir

2 Jahwe! Wieviele mich bedrängen,
wieviele gegen mich aufstehn,
3 wieviele mein Leben beäugen:
– Es gibt keine Rettung für ihn bei Gott!

4 Du aber, Jahwe, bist ein Schild um mich her,
meine Herrlichkeit du
und der hochhält mein Haupt.
5 Lautauf rufe ich zu Jahwe –
er antwortet mir vom Berg, seinem heiligen, her.

6 Ich legte mich nieder und schlief –
ich wachte auf, denn Jahwe hat mich gehalten.
7 Ich fürchte mich nicht vor tausendfach Volk,
das rings mich umstellt.
8 Steh auf, Jahwe! Rette mich, mein Gott!
Ja, du hast den Kinnbacken
all meiner Feinde zerschlagen,
die Zähne der Frevler hast du zerbrochen.
9 Jahwe ist Rettung!
Dein Segen – her auf dein Volk!

Psalm 3

Erstreite meinen Streit

2 Wie eine Hinde lechzt an leeren Wasserrinnen,
so lechzt mein Leben nach dir, Gott.
3 Es dürstet nach Gott mein Leben,
nach Gott, dem Lebendigen:

Wann komme und schau ich
das Angesicht Gottes?
4 Mir wurden meine Tränen zur Speise Tag und Nacht,
da man den ganzen Tag zu mir sagt:
– Wo ist nun dein Gott?
5 Daran muß ich denken,
muß mein Innerstes ausschütten.
Denn ich zog in festlicher Menge zu Gottes Haus,
im Schall des Jubels und Danks,
im wallfahrtfestlichen Schwarm.

6 Was bist du gebeugt, mein Leben,
und tobst du in mir?
Harre auf Gott! Denn noch werde danken ich ihm,
meines Angesichts Rettung, meinem Gott!

7 Gebeugt ist mein Leben in mir,
darum gedenk ich dein vom Jordanland
und Hermon her, vom Berg Mizar.
8 Flut ruft Flut im Tosen deiner Wasserstürze.
All deine Brandungen und Wogen
wallen über mich her.

9 Am Tage späh ich nach Jahwe,
in der Nacht nach seiner Huld.
Singen will ich bei mir
ein Gebet zum Gott meines Lebens,
10 will sprechen zu Gott, meinem Fels:

Warum hast du meiner vergessen,
warum geh trauernd ich einher
im Zwinggriff des Feindes?

11In meiner Gebeine Qual hinein
höhnen meine Bedränger,
indem sie den ganzen Tag zu mir sagen:
– Wo ist nun dein Gott?

12Was bist du gebeugt, mein Leben,
was tobst du in mir?
Harre auf Gott! Denn noch werde danken ich ihm,
meines Angesichts Rettung, meinem Gott.

Psalm 42

Mein Bollwerk

1Sprich Recht mir, Gott!
Erstreite meinen Steit wider unholdes Volk,
den Männern der Tücke und Bosheit
laß mich entrinnen.

2Denn du, mein Gott, bist mein Bollwerk.
Warum hast du mich verstoßen,
warum geh ich trauernd einher
im Zwinggriff des Feindes?
3Sende dein Licht und deine Treue.
Die sollen mich leiten,
mich zu deinem heiligen Berg,
zu deinen Wohnungen führen,
4daß ich zu Gottes Opferstätte,
zum Gott meiner jauchzenden Freude komme,
und dir danke zur Leier, Gott, mein Gott!

5Was bist du gebeugt, mein Leben,
was tobst du in mir?
Harre auf Gott! Denn noch werde danken ich ihm,
meines Angesichts Rettung, meinem Gott.

Psalm 43

Löse mich heraus

1Schaffe mir Recht, Jahwe!
Bin ich doch arglos gewandelt,
hab auf Jahwe vertraut – ich wanke nicht.

2Prüfe, erprob mich, Jahwe,
ergründe mir Nieren und Herz:
3Ja, deine Huld mir stand vor Augen –
so bin ich gewandelt in Treue zu dir.
4Ich saß nicht bei Götzenwahn treibenden Männern,
den Verblendeten trat ich nicht bei.
5Ich haßte der Bösen Genossenschaft,
bei Frevlern sitze ich nicht.

6Ich wusch meine Hände in Lauterkeit,
um deinen Altar zu umschreiten, Jahwe,
7um das Lob anzustimmen reinen Sinnens
und zu erzählen all deine Wunder.
8Jahwe, ich liebe die Heimat in deinem Haus,
die Wohnstatt deiner Herrlichkeit.

9Raff nicht mit Sündern mein Leben dahin,
mit Bildgötzendienern mein Leben.

10In ihrer linken Hand ist Unzucht
Schandlohn in ihrer Rechten.

11Ich aber, in meiner Bewährtheit ging ich den Weg.
Löse mich aus, und tu mir Gnade.
12Feststeht mein Fuß auf ebenem Plan,
in den Versammlungen preise ich Jahwe.

Psalm 26

Mir stets gegenüber

1Bewahre mich, Gott!
Denn ich berg mich in dir.
2Ich spreche: Du Jahwe, du bist mein Herr,
mein Gut, keines höher als du!

3An den »Heiligen«, die da sind im Land,
an den »Hehren« – habe ich mein Gefallen.
4Mehren sollen ihre Wehen sich,
laß sie die Lust versäumen.
Nie gieße ich mit meinen Händen
ihre Weihgüsse dar,
nie heb ich auf meinen Lippen ihre Namen empor.

5Jahwe, du hast milden Wein
mir im Becher zugeteilt,
du bist es, der mein Los geworfen.
6Die Meßschnüre sind mir gefallen
auf wonnigen Grund,
und meinen Besitz hat der Höchste gezeichnet.

7 Als Segnenden preis ich Jahwe,
darob, daß er mir rät,
und nachts meine Nieren mich mahnen.
8 Ich stelle Jahwe mir stets gegenüber,
ja, von seiner Rechten schwenk ich nicht ab.
9 Darum freut sich mein Herz,
und jauchzt mein Leben
und wohnt gar sicher mein Leib.
10 Denn nicht zur Abwelt versetzt du mein Leben,
nicht gibst du deinem Getreuen
die Grube zu schauen.

11 Du läßt mich erkennen den Weg in das Leben,
machst satt mich an Freud über Freude vor dir,
an Wonnen dir zur Rechten immerdar.

Psalm 16

Ich schreie zu dir

Ich habe mich müde geseufzt

2 Jahwe, straf mich nicht in deinem Zorn,
züchtige mich nicht in deinem Grimm.
3 Sei gütig mir, Jahwe! Denn ich bin hingewelkt.
Heile mich, Jahwe!
Denn geschreckt ist mein Gebein,
4 geschreckt mein Leben gar sehr.
Du aber, Jahwe, wie lange noch?

5Kehr um, Jahwe, reiß heraus mein Leben,
befrei mich um deines Verbundenseins willen.
6Denn im Tod gibt es kein Deingedenken,
in der Abwelt – wer preist dich da?

7Ich habe mich müde geseufzt,
all Nacht überschwemm ich mein Lager,
überflut ich mit Tränen mein Bett.
8Trüb ist mein Auge vor Gram,
gealtert vor Sehnsucht mein Herz.

9Weicht von mir, ihr Unheilstifter alle.
Denn gehört hat Jahwe mein lautes Weinen,
10gehört hat Jahwe mein Flehen,
Jahwe hat mein Beten angenommen.
11Zuschanden werden, geschreckt gar sehr
sollen werden all meine Feinde,
hinweg sich kehren, zuschanden werden im Nu.

Psalm 6

Kummer im Herzen

2Wie lang noch, Jahwe, vergißt du mich dauernd?
Wie lang noch
wendest du dein Gesicht von mir ab?
3Wie lang noch muß ich mit Sorgen
meinem Leben zusetzen,
Kummer im Herzen mir nähren all Tag?
Wie lang noch darf mein Feind
über mich sich erheben?

4 Schau her, antworte mir, Jahwe, mein Gott!
Laß leuchten meine Augen,
wend ab des Todes Schlaf.
5 Nicht daß mein Urfeind sage:
– Ich habe ihn überwältigt,
mein Urwidersacher nicht juble darob,
daß ich wanke.
6 Ich aber – in deiner Huld bin ich getrost,
es juble mein Herz deiner rettenden Tat.
Jahwe will ich besingen;
denn er hats an mir vollbracht.

Psalm 13

Aus Tiefen

1 Aus den Tiefen rufe ich dich, Jahwe,
2 mein Herr, höre doch meine Stimme!
Laß herhorchen deine Ohren
auf die Stimme meines Flehens!
3 Wenn du Verschuldungen wahrtest,
Jahwe, mein Herr, wer kann bestehen?
4 Denn: Nur bei dir ist die Vergebung,
daß du gefürchtet werdest.

5 Ich hoffe, Jahwe!
Es hofft mein Leben auf sein Wort,
6 es harrt mein Leben meines Herrn
mehr als Wächter des Morgens,
als Wächter des Morgens.

7 Hoffe, Israel, auf Jahwe!
Denn: Bei Jahwe ist die Huld
und in Fülle bei ihm Erlösung.
8 Ja, erlösen wird er Israel von all seinem Verschulden.

Psalm 130

Meine Jahre vergehen

2 In dir, Jahwe, berge ich mich,
ich darf niemals zuschanden werden;
dir selbst gerecht errette mich.
3 Neige dein Ohr mir zu, eilends reiß mich heraus,
werde mir zu Schlupfgefels,
zu wallbewehrtem Haus, zur Rettung mir!
4 Bist meine Fluh und Wallwehr mir du,
und wirst um deines Namens willen
mich führen und mich lenken,
5 wirst aus dem Netz mich ziehen,
das sie mir heimlichst legten.
Ja, du bist mein Bollwerk.

6 In deine Hand befehle ich meinen Geist,
erlöse mich, Jahwe, getreuer Gott.
7 Du hassest, die nichtige Wahngebilde hegen,
ich aber, ich traue auf Jahwe.
8 Jauchzen will ich, mich freuen deiner Huld,
der du mein Elend angesehen,
erkannt meines Lebens Bedrängnisse,
9 und nicht in Feindeshand mich eingeschlossen.
Du stelltest meinen Fuß in weiten Raum.

10 Sei mir geneigt, Jahwe, denn angst ist mir,
gelähmt vor Gram mein Auge, mein Leben und Leib.
11 Denn: Im Kummer schwindet mein Leben,
und meine Jahre in Seufzen,
verfällt vor Elend meine Kraft,
sind zermürbt meine Knochen.
12 Vor all meinen Bedrängern bin ich zum Hohn,
und gar meinen Nachbarn,
Unheils- und Schreckbild
meinen Freunden geworden.
Wer mich sieht, der flieht vor mir.
13 Welk wie ein fühlloser Toter bin ich,
geworden wie zerschelltes Gefäß.

14 Denn ich hör das Geflüster der Vielen,
ja, Grauen ringsum,
wenn sie sinnen, mir das Leben zu nehmen.
15 Ich aber, auf Jahwe traue ich.
Ich sage: Mein Gott bist du.
16 In deiner Hand sind meine Geschicke.
Reiß mich aus der Hand meiner Feind und Verfolger!
17 Laß leuchten dein Antlitz über deinem Knecht,
rette mich in deiner Huld.
18 Jahwe, ich darf nicht zuschanden werden,
denn ich rufe dich an.
Zuschanden werden sollen die Frevler,
geschleudert hinab zur Abwelt des Todes.
19 Verstopft werden sollen die Lügenmäuler,
die frech über den Gerechten her reden,
voll Hochmut und Hohn.

20 Wie reich ist dein Gutes,
das denen du hortest, die dich fürchten,
das du denen bereitet, die sich bergen bei dir
vor den Augen der Adamkinder.
21 Du behütest sie durch dein schirmend Angesicht,
Vor Verleumdermenschen hältst du sie unter Obdach,
bewahrt vor zänkischen Zungen.
22 Gepriesen Jahwe, daß er Wunder an mir getan,
durch seine Huld zur Zeit der Bedrängnis.

23 Und ich, ich hatte gedacht in meiner Verstörtheit:
Abgeschnitten bin ich dir aus den Augen.
Doch gehört hast du mein lautes Flehen,
als ich zu dir um Hilfe schrie.

24 Liebt Jahwe, ihr alle ihm Gehörigen,
seine Getreuen bewahrt Jahwe,
doch übers Maß zahlt er heim
dem, der hochmütig handelt.
25 Seid stark. Es straffe sich euer aller Herz,
die ihr harrt auf Jahwe.

Psalm 31

Warum hast du mich verlassen?

2 Mein Gott! Mein Gott!
Warum hast du mich verlassen?
Fern meinem Schreien bist du,
den Worten meiner Klage.

3Mein Gott! ruf ich tags – und du antwortest nicht,
nachts – und ich finde nicht Ruh.

4Du aber, Heiliger,
über Israels Preisungen Thronender:
5Auf dich vertrauten unsere Väter,
vertrauten, und du ließest sie entrinnen,
6zu dir sie schrien und kamen davon,
auf dich sie vertrauten,
und wurden nicht zuschanden.

7Ich aber: ein Wurm bin ich, kein Mensch,
der Spott der Leute, verachtet vom Volk.
8All die mich sehn, verlachen mich,
verziehn die Lippen, schütteln den Kopf:
9Auf den Herrn hat ers gewälzt,
laß er ihn entrinnen, reiß er ihn heraus,
er hat ja Gefallen an ihm!

10Ja, du bists,
der aus dem Leib mich hervorbrechen ließ,
vertrauend an der Brust meiner Mutter mich machte.
11Auf dich ward ich geworfen,
als aus dem Schoß ich war,
vom Mutterleib an bist du mein Gott.
12Nicht fern sei mir!
Denn Not ist nah, denn kein Helfer ist da!

13Mich umringen viele Stiere,
Baschanbullen mich umzingeln,

14 sperren ihren Rachen wider mich auf.
Ein Löwe, reißend und brüllend!
15 Wie Wasser bin ich hingeschüttet,
es trennen sich all meine Knochen,
wie Wachs ist geworden mein Herz,
im Leib mir zerschmolzen,
16 trocken wie ein Scherben mein Schlund,
meine Zunge geklebt an den Gaumen:
Du bereitest zum Staub des Todes mich zu.

17 Ja, es umringen mich Hunde,
eine Rotte von Übeltätern hält mich umkreist,
sie fesseln mir Hände und Füße.
18 Zählen kann ich all meine Knochen.
Sie – herblicken sie, besichtigen mich.
19 Sie teilen meine Kleider sich zu,
und um mein Gewand werfen sie das Los.

20 Du aber, Jahwe, nicht ferne sei,
meine Mächtigkeit du, zu Hilfe mir eile!
21 Dem Schwert entreiße mein Leben,
mein einziges dem Griff des Hundes.
22 Rette mich vorm Rachen des Löwen,
den Hörnern der Büffel.

Antwort hast du mir gegeben.
23 Ich will von deinem Namen meinen Brüdern erzählen,
will inmitten der Gemeinde dich preisen:
24 Die ihr fürchtet Jahwe, preiset ihn!
All ihr Sämlinge Jakobs, verherrlicht ihn!
Erschauert vor ihm, ihr Sämlinge Israels alle!

25 Denn nicht verächtlich hat er,
nicht abscheulich gemacht
des Niedrigen Erniedrigtheit,
vor ihm sein Angesicht nicht verhüllt,
gehört auf sein Schreien zu ihm.
26 Bei dir ists, daß meine Preisung
in großer Gemeinde ergeht,
ich meine Gelübde erfülle
denen, die ihn fürchten, vor Augen!

27 Satt sollen sich essen die Niedergebeugten,
preisen Jahwe, die ihn suchen.
Aufleben soll euer Herz auf Zeiten hin.
28 Des sollen sie gedenken.
Und umkehren zu Jahwe sollen alle Enden der Erde,
vor ihm sich niederwerfen alle Stämme der Völker.
29 Denn Jahwes ist das Königtum,
er ist Herrscher unter den Völkern:

30 Nur ihm warfen alle sich nieder,
die in der Erde schlafen,
vor seinem Angesicht knieten alle,
die in den Staub gesunken,
deren Leben nicht überdauert.
31 Ihm soll dienen mein Same,
soll erzählen von Jahwe
dem Geschlechte, das kommt,
32 und soll künden sein rechtes Walten
einem nachgeborenen Volk: daß er das Werk getan.

Psalm 22

Uns zum Heil

Jahwe hat ihn berufen

1 Hört, ihr Inseln, her zu mir,
von ferne lauscht auf, ihr Nationen.
Jahwe hat vom Schoß an mich gerufen,
vom Mutterleib an meinen Namen genannt.
2 Und er machte meinen Mund
gleich scharfem Schwert –
und hielt im Schatten seiner Hand mich verborgen,
er machte mich zu blankem Pfeil –
und hielt mich im Köcher versteckt.
3 Er spricht zu mir:
Mein Knecht bist du, Israel,
an dem ich mich verherrliche.
4 Ich aber sprach: Ins Leere hab ich mich gemüht,
ich habe meine Kraft erschöpft für Wahn und Wind.
Dennoch ist mein Recht bei Jahwe,
mein Lohn bei meinem Gott.

5 Nun aber sprach Jahwe,
der mich vom Schoß an sich zum Knecht gebildet:
Jakob ihm zurückzuführen,
Israel ihm einzusammeln –
ja, wert war ich in den Augen Jahwes,
und Gott war meine Stärke.
6 Er spricht: Daß du mein Knecht –
dafür ist es zu wenig,
die Stämme Jakobs aufzurichten,
die Bewahrten Israels zurückzuführen –

so mach ich dich zum Licht der Völker,
daß meine Rettung reiche bis hin ans End der Erde.

7So sprach Jahwe, Israels Löser, sein Heiliger,
zum tief Verachteten, zum Abscheu der Völkerwelt,
zum Knecht der Gewaltherrn:
Könige werden es sehen und aufstehn,
und Fürsten sich niederwerfen,
um Jahwes willen, der treu,
des Heiligen Israels, der dich erkoren.

8So sprach Jahwe:
Zur Zeit der Gnade antwort ich dir,
am Tag der Rettung helf ich dir
und bilde dich und setze dich zum Menschheitsbund,
die Erde aufzurichten,
verödetes Erbe zu Erbe zu geben,
9den Gefangenen zu sagen: Kommt heraus!
Zu denen im Finstern: Kommt heraus!

An Wegen sollen sie weiden,
an allen Kahlhügeln sei ihre Trift.
10Sie werden nicht hungern, sie werden nicht dürsten,
Hitze und Glut – sie schaden nicht,
da ihr Erbarmer sie lenkt,
an Strudel von Wassern sie führt.

11Ich mach alle Berge zum Weg,
hoch einher gehn meine Straßen:
12Da – sie kommen vom fern,
die da von Norden und Westmeer,
die aus dem Siniterland.

13 Jubelt, ihr Himmel, frohlocke, du Erde,
Berge, brecht in Jubel aus.
Denn es tröstet Jahwe sein Volk,
erbarmt sich seiner Gebeugten.

Jesaja 49,1-13

Wer spricht ihn schuldig?

4 Jahwe, mein Herr gab mir die Zunge Lerngeübter,
den Müden zu erquicken.
Daß ich das Wort erkenne, weckt er am Morgen.
Am Morgen weckt er mein Ohr,
wie Lerngeübte zu hören.

5 Jahwe, mein Herr hat mir das Ohr geöffnet,
und ich, ich hab mich nicht gesträubt,
bin nicht zurückgewichen.
6 Ich bot meinen Rücken den Schlägern,
meine Wangen Bartausraufern,
mein Angesicht barg ich nicht
vor Unglimpf und Gespei.

7 Aber mir hilft Jahwe, mein Herr.
Darum werd ich nicht zuschanden,
darum mach ich mein Angesicht wie Kiesel,
und weiß, ich werde nicht beschämt.
8 Nah ist, der ins Recht mich setzt –
wer streitet mit mir?
Treten zusammen wir an:
Wer ist mein Widerpart? Er stelle sich mir!

9 Ja, mir hilft Jahwe, mein Herr –
wer spräche mich schuld?
Ja, alle verrotten sie wie ein Gewand,
die Motte zerfrißt sie.

10 Wer unter euch Jahwe ehrfürchtet,
hört auf den Ruf seines Knechts:
Wenn er im Finstren geht und hat kein Licht,
verlasse er sich auf den Namen Jahwes,
stütze er sich auf seinen Gott.

Jesaja 50,4-10

Geknicktes Rohr zerbricht er nicht

1 Da – mein Knecht, den fest ich halte,
mein Erkorner, den mein Leben wählt:
Ich lege meinen Geist auf ihn,
das Recht führt er zu den Völkern hinaus.
2 Nicht schreit, nicht hebt er seine Stimme,
läßt nicht auf der Gasse sie hören.
3 Geknicktes Rohr zerbricht er nicht,
verglimmenden Docht – nicht löscht er ihn.
Getreu führt er das Recht hinaus.
4 Nicht verglimmt, nicht knickt er ein,
bis er das Recht gesetzt auf Erden,
und seiner Weisung harren die fernsten Gestade.

5 So spricht der Gott, Jahwe,
der die Himmel erschaffen und ausgespannt,
der die Erde gebreitet mit ihrem Gesproß,

der Atem gegeben dem Volk auf ihr,
Hauch denen, die darauf wandeln:
6Ich, Jahwe, ich habe zu Heil dich gerufen,
ich habe deine Hand gefaßt,
ich habe dich verwahrt, dich eingesetzt
zum Bundesmittler des Volks,
zum Licht der Nationen,
7daß du blinde Augen öffnest,
Gefangene aus dem Kerker führst,
aus dem Hafthaus, die im Finstern sitzen.
8Ich bin Jahwe, das ist mein Name,
und keinem andern geb ich meine Herrlichkeit,
den Schnitzgötzen nicht meinen Ruhm.
9Das Frühere – da, gekommen ists:
Neues künd ich an,
eh es sproßt, laß ich es euch hören.

Jesaja 42,1-9

Unsere Krankheit hat er getragen

13Wohlan, erringen wird es mein Knecht,
hoch wird er steigen,
emporgetragen, erhaben gar sehr.
14Wie viele sich ob dir geschreckt –
so unmenschlich
war die Verderbnis seines Aussehens,
und seine Gestalt: Adamkindern unähnlich.
15So läßt er ob seiner viele Völker aufspringen,
kneifen Könige ihren Mund.

Denn was ihnen nie erzählt ward, schauen sie,
was sie nie gehört, des werden sie gewahr.

1 Wer traute der Kunde, die wir gehört,
der Arm Jahwes – an wem ward er enthüllt?
2 So ging er wie ein Keimling vor ihm auf,
wie eine Wurzel aus dürrem Land:
Hatte nicht Gestalt,
nicht Tracht, daß wir ihn angesehn,
kein Aussehn, daß wir ihn begehrt.
3 Verachtet war er, von Menschen gemieden,
ein Schmerzensmann, mit Krankheit vertraut.
Wie einer, vor dem man das Angesicht verbirgt,
war er verachtet, und wir zählten ihn nicht.
4 Jedoch: Unsere Krankheiten – die hat er getragen,
unsere Schmerzen sich aufgeladen.
Wir aber hielten ihn für getroffen,
geschlagen von Gott und gebeugt.
5 Er aber ward durchbohrt
unserer Abtrünnigkeiten wegen,
unserer Verschuldungen wegen zermalmt.
Züchtigung uns zum Heile lag auf ihm,
durch seine Striemen ward uns Heilung.
6 Wir alle irrten wie Schafe dahin,
wandten uns jeder seines Wegs,
doch ihn ließ treffen Jahwe
unser aller Verschulden.
7 Gezwungen ward er, doch er ließ sich beugen
und öffnete nicht seinen Mund.
Wie ein Lamm, das zum Schlachten gebracht wird,

wie ein Mutterschaf,
das verstummt vor seinen Scherern,
so öffnete er nicht seinen Mund.
8 Aus Verlies und Gericht ward er genommen,
doch sein Geschlecht – wer mag es beklagen?
Daß abgeschnitten er war vom Land der Lebendigen,
ob der Abtrünnigkeit meines Volks
der Hinschlag ihn traf.
9 Und man bestimmte bei Frevlern sein Grab,
bei Besitzverehrern seine Hügelgruft,
obschon er nie Gewalt getan,
kein Trug in seinem Munde war.

10 Jahwe aber hat es gewollt, ihn zu zerschlagen,
hat krank ihn gemacht:
Wenn sich zum Schuldopfer setzt sein Leben,
soll er Sämlinge sehen, soll er längen die Tage,
soll glücken durch ihn der Wille Jahwes.
11 Frei von der Qual seines Lebens sieht er,
sättigt sich an seiner Erkenntnis:
Gerechtmacht mein Knecht als Gerechter die Vielen,
ihre Verschuldungen – er lädt sie sich auf.
12 Drum geb ich ihm Anteil unter den Vielen,
mit Starken soll er Beute teilen,
dafür, daß er zum Tod sein Leben ausleerte,
den Abtrünnigen ward zugerechnet,
wo er doch die Sünden der Vielen trug,
sich für die Abtrünnigen treffen ließ.

Jesaja 52,13-53,12

VI. Osterzeit

Und nicht mehr verberg ich mein Antlitz vor ihnen,
wenn ich auf Haus Israel meinen Geist geschüttet habe
– Raunspruch meines Herrn Jahwe.
Ezechiel 39,29

Wir haben das Leben gesehen...» (1 Joh 1,1ff.) Wiegen und Särge, Leid und Lachen, Not und Tod, und ein paar Tröpfchen Glück dazu, auf ein paar Jahrzehnte erlebter und erlittener Groß- und Kleingeschichte zurückblickend – und »alt und satt an Tagen«, sagt ein Mensch: »Das ist das Leben«, sagt es vielleicht französich: »C'est la vie«, und er könnte sagen: »Ich habe das Leben gesehen.« »Nein!« würden ihm Schreiber und Adressaten des Johannesbriefs antworten, »den Tod hast du gesehen; denn was du Leben nennst, schwitzt den Tod aus allen Poren. Das Leben, das wir gesehen, ist der Tod des Todes in Jesus Christus, unserem Herrn.« Sooft ich diesen unerhörten Satz besinne, fühl' ich mich blindgesprochen...

Fridolin Stier

Er ist gerecht in allem

Dein König kommt

9 Laut aufjuble, Tochter Zion,
aufjauchze, Tochter Jerusalem!
Da kommt dein König dir:
Ein Gerechter ist er und Geretteter,
gebeugt auf einem Esel reitend,
auf einem Füllen, einem Eselstutenjungen.
10 Den Streitwagen tilge ich aus Efraim,
das Roß aus Jerusalem,
getilgt wird der Bogen des Kriegs.

Frieden spricht er den Völkern zu,
sein Walten ist von Meer zu Meer,
vom Strom bis an der Erde Säume.
11 Du nun: Um das Blut deines Bundes
schicke ich deine Gefesselten aus der Grube,
darinnen kein Wasser.

12 Kehrt zur Trutzburg zurück,
auf Hoffnung, Gefesselte ihr!
Auch dieser Tag dir kündet:
– Ich gebe dir doppelt zurück.

Sacharja 9,9-12

Einer wie ein Menschensohn

9 Ich sah: Throne wurden hingestellt,
ein Altbetagter saß.
Sein Gewand – weiß wie Schnee;
sein Haupthaar – hell wie Wolle;
sein Thronsitz – Feuerflammen;
daran die Räder – flackernd Feuer.
10 Ein Feuerstrom erfloß und ging von ihm her.
Tausend mal Tausende warteten ihm.
Zehntausend mal Zehntausende standen vor ihm.
Das Gericht saß. Bücher wurden aufgetan.

13 Ich sah, sah in Nachtgesichten:
Siehe! Mit des Himmels Wolken kam einer
wie ein Menschensohn,
fuhr hin zum Altbetagten und ward ihm vorgeführt.
14 Ihm ward gegeben Macht und Würde und Königtum.
Ihn ehren Völker, Stämme, Zungen – alle.
Seine Macht ist Macht auf Weltzeit hin,
die nicht verfällt,
sein Königtum: ein Königtum,
das nicht zugrunde geht.

Daniel 7,9-10.13-14

Er wird uns aufstehen lassen

1 Auf, heim wollen wir, zurück zu Jahwe!
Denn er, der zerrissen, er wird uns heilen,
er, der geschlagen, er wird uns verbinden,

2wird nach zwei Tagen uns beleben,
am dritten Tag uns aufstehen lassen,
daß wir vor seinem Angesicht leben.
3Laßt uns erkennen,
nachjagen laßt uns der Erkenntnis Jahwes.
Wie des Morgenrots, so steht sein Aufgang fest,
und wie der Regen kommt er uns,
wie der Frühregen satt tränkt das Land.

Hosea 6,1-3

Er handelt um seines Namens willen

32Was euren Geist überkommt –
geschehen, nein, geschehn darfs nicht,
nämlich, daß ihr sagt:
Wir werden den Völkern gleich,
den Stämmen der Länder,
daß Holz und Stein wir dienen.
33So wahr ich lebe
– Raunspruch meines Herrn Jahwe –
Mit starker Hand, mit gerecktem Arm
und ausgeschüttetem Grimm
werde König ich sein über euch.
34Und ich führ euch aus den Völkern heraus
und sammle euch aus den Ländern,
in die ihr versprengt worden seid,
mit starker Hand, mit gerecktem Arm
und ausgeschüttetem Grimm.

35 Dann bringe ich euch in die Wüste der Völker
und stelle mich dort mit euch ins Gericht,
von Angesicht zu Angesicht.
36 Wie ich mich ins Gericht gestellt mit euern Vätern
in der Wüste des Landes Ägypten,
so stell ich mich mit euch ins Gericht
– Raunspruch meines Herrn Jahwe –
37 Und ich führ euch unterm Stab hindurch
und bring euch abgezählt herein,
und ich scheide aus euch die Trotzigen
38 und die mir Abtrünnigen.
Ich hol sie aus ihrem Gastsassenland,
aber zu Israels Land kommen sie nicht.
So sollt ihr erkennen, daß ich es bin, Jahwe.
39 Und ihr, Haus Israel, so spricht mein Herr, Jahwe:
Geht doch, dient, ein jeder seinem Götzen,
und danach, wenn ihr nicht auf mich hört …!
Aber meinen heiligen Namen entweiht nicht länger
mit euren Gaben und euren Götzen.
40 Denn auf meinem heiligen Berg,
Israels Bergeshöhe
– Raunspruch meines Herrn, Jahwe –
dort diene mir das All des Hauses Israel,
sein All im Lande.
Dort nehm ich sie in Gnaden an,
dort fordere ich eure Abgaben
und eure Erstlingsreichnisse bei euren Weihegaben.
41 Bei beschwichtigendem Duft
nehme ich euch in Gnaden an,
wenn ich euch aus den Völkern herausführe

und euch sammle aus den Ländern,
in die ihr versprengt worden seid,
und erweise mich heilig an euch
vor den Augen der Völker.
42 Und erkennen sollt ihr, daß ich es bin, Jahwe,
wenn ich zu Israels Boden euch führe,
zum Lande, das ich mit erhobener Hand
euren Vätern zu geben versprochen.
43 Und dort sollt ihr gedenken
eurer Wege und all eures Treibens,
womit ihr euch befleckt habt.
Und es ekelt euch vor euch selber
ob all eurer Bosheiten, die ihr getan.
44 Und ihr erkennt, daß ich es bin, Jahwe,
wenn ich an euch um meines Namens willen handle,
nicht nach euren bösen Taten
und eurem verderbten Treiben, Haus Israel,
– Raunspruch meines Herrn Jahwe.

Ezechiel 20,32-44

Nach der Fülle deines Erbarmens

26 Gepriesen bist du, Herr, Gott unserer Väter,
gerühmt und verherrlicht dein Name die Zeiten hin!
27 Denn gerecht bist du in allem, was du uns getan,
und all deine Werke sind bewährt,
all deine Wege gerade.
28 Und rechtliche Gerichte hast du vollstreckt
in allem, was du gebracht über uns
und deine heilige, unsrer Väter Stadt Jerusalem.

Denn in rechtlichem Urteil hast du all das getan –
um unsrer Sünden willen.
29Haben doch wir in allem gefehlt,
die Satzung gebrochen durch Abfall von dir,
30nicht gehorcht deiner Satzung Gebote,
sie nicht bewahrt und nicht getan,
wie du uns geboten, daß es wohl uns ergehe.
31Und nun hast du alles, was du auf uns gebracht,
alles, was du uns getan,
nach rechtlichem Urteil getan:
32Übergeben hast du uns in die Hand unserer Hasser,
gesetzloser und gar gehässiger Abtrünniger,
und einem König bar des Rechts,
voll Bosheit wider die ganze Erde.
33Aber nun steht uns nicht zu, den Mund zu öffnen,
Schmach und Schande
ward deiner Knechte und Verehrer Teil.
34Gib uns nicht bis zum Ende preis
um deines Namens willen,
zerschmettre nicht deinen Bund.
35Und scheide dein Erbarmen nicht von uns,
um Abrahams willen, deines Geliebten,
um Isaaks willen, deines Knechts,
um Jakobs willen, deines Heiligen,
36dem Worte gemäß, das du ihnen zugesprochen:
In Menge werde mehren sich ihr Same,
wie die Sterne des Himmels an Menge,
wie der Sand an der Lippe des Meeres.
37Denn, o Gebieter, wir sind kleiner geworden
als alle Völker,

sind erniedrigt heute auf der ganzen Erde
um unserer Sünden willen.
38 Und es gibt keinen Herrscher zu dieser Zeit,
keinen Künder, noch Führer,
keine Vollbrand-, noch Schlachtopfer,
keine Darbringung, noch Räuchergabe
noch eine Stätte, Erstfrucht vor dir darzuspenden
und Erbarmen zu finden.
39 Zerknirschter Seele aber und gedemütigten Geistes
möchten wir doch angenommen werden,
40 wie mit Vollbrandopfern von Widdern und Stieren,
wie mit Tausenden fetter Lämmer.
So geschehe denn heute unser Schlachtopfer vor dir
und wirke Sühne vor deinem Angesicht,
denn nicht werden zuschanden, die auf dich trauen.
41 Und nun gehn wir
mit unserem ganzen Herzen hinter dir,
und wir fürchten dich und suchen dein Angesicht.
42 Mach nicht zuschanden uns,
sondern tu an uns nach deiner Milde,
nach der Fülle deines Erbarmens.
43 Und reiß nach deinen Wundertaten uns heraus.
Und Herrlichkeit schaff deinem Namen: »Herr«!
44 Aber beschämt laß alle werden,
die deinen Knechten Übles erweisen,
lasse zuschanden sie werden,
entmachtet, zerrieben werden ihre Stärke.
45 Sie sollen erkennen, daß du, Herr, Gott bist allein,
der Herrliche du, im All der Welt.

Daniel 3,26-45

Wer anruft den Namen des Herrn

Wie Tau für Israel

5 Heilen will ich ihre Abkehr,
lieben sie aus freiem Trieb.
Denn mein Zorn hat sich von ihm abgewandt.
6 Ich will wie Tau für Israel sein,
daß es wie die Lilie blühe,
Wurzeln schlage wie die Libanonpappel,
7 sich strecke sein Gerank,
daß es an Pracht dem Ölbaum gleiche,
an Duft dem Libanon.
8 Heimkehren werden sie,
daheim in seinem Schatten sein.
Neu beleben sie das Korn,
sie blühen wie die Rebe,
sein Ruhm gleicht dem des Libanonweins.
9 Efraim, was hat er noch mit Götzen?
Ich bins, der antwortet, ich blick ihn an.
Ich bin wie eine grüne Zypresse,
an mir ist deine Frucht zu finden.

Hosea 14,5-9

Ich selbst will euch weiden

11 So spricht mein Herr Jahwe:
Da bin ich selbst, meine Schafe will ich suchen,
ich will mich um sie kümmern.

12 Wie sich ein Hirt um seine Herde kümmert,
an ihrem Unheilstag
inmitten seiner Schafe, den verstreuten
– so kümmre ich mich um meine Schafe
und rette sie aus allen Orten,
dahin versprengt sie wurden
am wolkenumdüsterten Tag.
13 Ich hol sie aus allen Völkern heraus
und sammle sie aus den Ländern.
Ich führe sie zu ihrem Boden
und weide sie an Israels Bergen,
in den Tälern und allen Siedlungen des Landes.
14 Auf guter Weide will ich sie weiden,
auf Israels hohen Bergen sei ihre Trift.
Dort sollen lagern sie auf guter Trift
und sollen weiden fette Weide an den Bergen Israels.
15 Ich selber weide meine Schafe,
ich selber lasse sie lagern
– Raunspruch meines Herrn Jahwe –
16 Dem Verlorenen forsch ich nach,
das Verscheuchte hol ich heim,
ich verbinde das Gebrochne,
ich stärke das Erkrankte.
Das Fette und das Starke aber hüte ich
und werd es weiden recht.

17 Ihr aber, meine Schafe,
so spricht mein Herr Jahwe:
Nun, ich richte zwischen Schaf und Schaf,
den Widdern und den Böcken:

[18]Ists euch zu wenig? Die gute Weide weidet ihr,
und was von eurer Weide übrig,
zerstampft ihr mit euren Füßen.
Das klare Wasser trinkt ihr,
und was übriggelassen,
verschlammt ihr mit euren Füßen.
[19]Und meine Schafe müssen weiden,
was eure Füße zerstampft,
und was eure Füße verschlammt, müssen sie trinken.

[20]Darum spricht mein Herr Jahwe zu ihnen:
Da bin ich und richte
zwischen fettem Schaf und magrem Schaf:
[21]Weil ihr mit Flanke und Schulter drängt,
mit eurem Gehörn alle Kränklichen stoßt,
[22]bis ihr sie vertrieben habt,
will ich retten meine Schafe,
daß sie nicht mehr zum Raube werden.
So richte ich zwischen Schaf und Schaf.
[23]Und ich laß über ihnen erstehn
einen einzigen Hirten,
daß er sie weide: meinen Knecht David.
Der soll sie weiden, der werden ihr Hirt.
[24]Ich aber, Jahwe, will werden ihr Gott,
und mein Knecht David sei Fürst in ihrer Mitte:
Ich, Jahwe, sag es an.

Ezechiel 34,11-24

Ich schütte meinen Geist auf alles Fleisch

1 Und danach geschieht es:
Ich schütte meinen Geist auf alles Fleisch,
daß eure Söhne und Töchter künden,
eure Alten Träume träumen,
eure Jünglinge Gesichte schauen.
2 Auch auf die Knechte und auf die Mägde
schütte ich in jenen Tagen meinen Geist.
3 Und ich setze Zeichen am Himmel und auf der Erde:
Blut und Feuer und Rauchsäulen.
4 Die Sonne verkehrt sich in Finsternis,
der Mond in Blut,
ehe der Tag Jahwes,
der große und furchtbare, kommt.
5 Dann geschiehts:
Ein jeder, der anruft den Namen Jahwes,
wird gerettet;
denn auf dem Zionsberg und in Jerusalem
wird sich Rettung ereignen, wie er, Jahwe, gesagt,
und bei den Entronnenen, ist jeder, den Jahwe beruft.

Joel 3,1-5

Kein steinern Herz

25 Ich sprenge reines Wasser auf euch,
daß rein ihr werdet von allen euren Unreinheiten.
Von all euren Mistgötzen reinige ich euch.
26 Und ich gebe euch ein neues Herz,
und einen neuen Geist geb ich in euer Inneres.

Und wegschaff ich
das steinern Herz aus eurem Fleisch
und gebe euch ein fleischern Herz.
27 Und meinen Geist geb ich in euer Inneres
und mache, daß ihr in meinen Gesetzen wandelt
und meine Rechte wahrt und tut.

Ezechiel 36,25-27

Ein neues Herz und einen neuen Geist

30 Darum will ich euch richten
jeden nach seinen Wegen, Haus Israel
– Raunspruch meines Herrn Jahwe –
Kehrt um, macht kehrt
von all euren Abtrünnigkeiten,
nicht werde euch das zum Stolperstein der Schuld!
31 Werft weg von euch all eure Abtrünnigkeiten,
durch die ihr abtrünnig geworden.
Schafft euch ein neues Herz und neuen Geist
– warum wollt ihr des Todes sein, Haus Israel?
32 Denn ich habe kein Gefallen
am Tod des Todverfallenen
– Raunspruch meines Herrn Jahwe –
So machet kehrt, damit ihr leben bleibt.

Ezechiel 18,30-32

VII. Bei Sonne und Regen

Allwohin ich dich sende, gehst du,
allwas ich dir befehle, redest du.
Nimmer dich fürchte vor ihnen.
Jeremia 1,7-8

Wer arm ist weiß, was Reichtum,
wer krank, was Gesundheit,
wer unglücklich, was Glück ist
– man setze die Reihe fort,
scheide die Fälle aus,
die nicht stimmen
– man achte vor allem darauf,
daß die Umkehrung nicht gilt
(wer gesund ist, weiß, was Krankheit ist usw.).
Man gehe dann weiter und erwäge den Satz:
Der Unmenschliche weiß, was das Menschliche ist –
ja, das stimmt:
Er weiß es mit dem Wissen des Hasses,
dem Wissen des Kain,
der den Abel erschlägt.
Des weiteren zu erwägen, ob nicht gerade Unmenschen die lautesten Schreier nach Menschlichkeit sind…

Fridolin Stier

Zum Künder berufen

Geschehen ist mir das Wort

1 Die Worte des Jeremia, Sohn des Hilkija,
von den Priestern zu Anatot
im Land Benjamin.
2 Ihm geschah das Wort Jahwes,
in den Tagen des Joschija,
des Amon Sohn, Königs von Juda,
im dreizehnten Jahr seines Königtums.
3 Und es geschah in den Tagen des Jojakim,
des Joschija Sohn, Königs von Juda,
bis voll war das elfte Jahr des Zidkija,
des Joschija Sohn, Königs von Juda,
bis zur Verschleppung aus Jerusalem,
im fünften Monat.

4 Geschehen ist mir das Wort Jahwes:
5 Eh im Leib ich dich gebildet,
hab auserkannt ich dich.
Eh du aus dem Schoß gegangen,
hab ich geheiligt dich,
als Künder den Völkern dich zubestimmt.
6 Ich aber sprach: Ach, mein Herr Jahwe!
Sieh doch, ich weiß nicht zu reden,
ich bin ja ein Knabe.
7 Da sprach Jahwe zu mir:
Sag nicht: Ich bin ein Knabe.
Denn: Allwohin ich dich sende, gehst du,
allwas ich dir befehle, redest du.

8 Nimmer dich fürchte vor ihnen,
denn ich bin mit dir, dich zu retten.
– Raunspruch Jahwes –
9 Da streckte aus Jahwe seine Hand,
und rührte an meinem Mund mich an:
Da – ich gebe meine Worte dir in den Mund.
10 Da – ich bestelle dich heute
über Völker und Königtümer,
zum Reißen und zum Reuten
zum Nichtigen und zum Zerstören,
zum Bauen und zum Pflanzen.

Jeremia 1,1-10

Steh auf, sprich zu ihnen

11 Geschehen ist mir das Wort Jahwes, sprach:
Was siehst du, Jeremia?
Ich sprach:
Einen Zweig des »Frühwachauf«
(der Mandel) ich seh.
12 Sprach Jahwe zu mir: Gut hast du gesehen:
Ja, ich wach ob meinem Wort,
daß ich zur Tat es mache.

13 Geschehen ist mir das Wort Jahwes
ein zweites Mal, sprach:
Was siehst du? Ich sprach:
Angeschürten Topf ich seh,
von Nord her zugeneigt.
14 Sprach Jahwe zu mir:

Von nordher öffnet sich das Böse
auf alle Sassen des Lands.
15 Ja, schon ruf ich alle Sippen her,
der Nordland Königreiche
– Raunspruch Jahwes –
und sie kommen,
und sie stellen ein jeder seinen Thron
ausgangs der Pforten Jerusalems,
wider all seine Mauern ringsum,
wider all die Städte von Juda.
16 Da recht ich meine Rechte mit ihnen
ob all ihres Bösen, daß mich sie verlassen,
räucherten anderen Göttern,
sich hingebeugt ihrer Hände Gemächt.
17 Du aber, schürz dir die Hüften,
steh auf und sprich zu ihnen,
allwas ich dir befehle!
Schrick nicht vor ihnen,
daß ich dich vor ihnen nicht schrecke!
18 Ich bins, der heut dich macht
zur bollwerkbewehrten Stadt,
zum eisernen Pfeiler, zur erzenen Mauer
wider das Ganze des Landes:
Judas Könige und seine Fürsten,
seine Priester und das Landherrenvolk.
19 Bekriegen werden sie dich,
doch nichts wider dich sie vermögen,
denn ich bin mit dir – Raunspruch Jahwes –
heraus dich zu reißen.

Jeremia 1,11-19

Gottes Klage

Hören ist mehr als Opfer

21 So spricht Jahwe der Scharen, der Gott Israels:
Häuft eure Brandopfer auf euer Schlachtmahl,
daß ihr Fleisch zu essen habt.
22 Denn ich sprach nicht zu euren Vätern
und nichts gebot ich ihnen am Tag,
da ich sie herausführte aus Ägypten,
über Brandopfer und Schlachtmahl.
23 Nein, dies Wort gebot ich ihnen, sprach:
Hört auf meine Stimme,
so werd ich euch zum Gott, ihr werdet mir zum Volk.
Und wandelt auf alljedem Weg,
den ich euch gebiete, daß es wohl euch ergehe.
24 Doch hörten sie nicht, ihr Ohr sie nicht neigten,
ergingen sich in Plänen,
in der Spröde ihres Herzens, des bösen.
Sie kehrten mir den Rücken und nicht das Gesicht.
25 Vom Tag an, da eure Väter aus Ägypterland zogen,
bis zu diesem Tag
sandte ich euch all meine Knechte, die Künder,
tagtäglich, von früh bis spät.
26 Doch hörten sie nicht auf mich,
ihr Ohr sie nicht neigten, steiften den Nacken,
taten böser denn ihre Väter.
27 Redest du zu ihnen all diese Worte,
und sie hören dich nicht,
rufst du ihnen zu, und sie antworten dir nicht,

28 dann sprich zu ihnen:
Dies ist das Volk, das nicht gehört
auf die Stimme Jahwes, seines Gottes,
und keine Zucht annimmt.
Geschwunden ist die Treue,
ausgeschnitten aus ihrem Mund.

Jeremia 7,21-28

Sie weigern sich, meine Worte zu hören

1 So sprach zu mir Jahwe:
Geh, verschaff dir ein leinen Hüfttuch
und leg es um die Lenden,
doch laß es nicht ins Wasser kommen.
2 Ich verschaffte mir das Hüfttuch,
gemäß dem Wort Jahwes,
und legte es um meine Lenden.
3 Da geschah mir das Wort Jahwes
ein zweites Mal, sprach:
4 Nimm das Hüfttuch, das du dir verschafft,
das du um die Lenden hast,
steh auf, geh zum Eufrat,
verscharr es dort im Felsenspalt.
5 Ich ging und verscharrt es am Eufrat,
wie mir Jahwe geboten.

6 Und es geschah am End vieler Tage,
daß Jahwe zu mir sprach:
Steh auf, geh zum Eufrat,

hol von dort das Hüfttuch,
das dort zu verscharren ich dir gebot.
7Ich ging zum Eufrat und grub
und holte das Hüfttuch vom Ort,
wo ichs verscharrt hatte.
Und da – verdorben war das Hüfttuch
und taugte nichts mehr.

8Da geschah mir das Wort Jahwes, sprach:
9So spricht Jahwe:
Ebenso verderb ich den Hochmut Judas
und Jerusalems großen Hochmut.
10Dies böse Volk, das sich weigert,
meine Worte zu hören,
und geht in seines Herzens Spröde
hinter anderen Göttern her,
ihnen zu dienen und ihnen sich hinzubeugen,
ist geworden wie dieses Hüfttuch,
das nicht mehr taugt.
11Ja, wie das Hüfttuch an des Mannes Lenden haftet,
so hab ich mir angeheftet
all Haus Israel und all Haus Juda
– Raunspruch Jahwes –
daß mir zum Volk es werde,
zu Namen und zu Preis und Prangen.
Sie aber haben nicht gehört.

Jeremia 13,1-11

Hat je ein Volk seine Götter vertauscht?

1 Geschehn ist mir das Wort Jahwes, sprach:
2 Geh, ruf in die Ohren Jerusalems, sprich:
So spricht Jahwe.
Ich denke an den Holdsinn deiner Jugend,
die Liebe deiner Brautschaft,
dein Hintermirhergehn in der Wüste,
in unbesätem Land:
3 Israel, Heiliggut Jahwes,
Erstling seiner Einbracht,
all seine Zehrer, sie büßen.
Böses ist an sie gekommen
– Raunspruch Jahwes –

4 Hört das Wort Jahwes, Haus Jakob,
und alle Sippen von Haus Israel.
5 So spricht Jahwe:
Was fanden eure Väter denn Schlimmes an mir,
daß von mir sie sich fernten,
und nach Nichts sie liefen
und worden sind zu Nichts?
6 Daß sie nicht sprachen: Wo ist Jahwe,
der uns heraufgebracht vom Land Ägypten,
der uns gegängelt in der Wüste,
im Land der Steppe und Schlucht,
im dürren, steinstarren Land,
im Land, darin keiner wandert,
dort siedelt kein Mensch?
7 Ich ließ euch kommen ins Baumgartenland,
daß seine Frucht und Gut ihr zehrt:

Ihr kamt und beflecktet mein Land
und machtet mein Eigen zum Greuel.
8 Die Priester sprachen nicht: Wo ist Jahwe?
Die Handhaber der Weisung kannten mich nicht.
Die Hirten lehnten sich wider mich auf.
Die Künder kündeten mit dem Baal,
und sie liefen den Nichtsnutzen nach.

9 Darum streite ich fürder mit euch,
– Raunspruch Jahwes –
streite mit eurer Söhne Söhnen:
10 Ja, wandert nach der Kittäer Inseln und seht!
Schickt nach Kedar, laßt euch genau bescheiden,
seht, ob geschehen ist dergleichen:
11 Hat je ein Volk die Götter vertauscht?
– und sie sind nicht einmal Götter! –
Doch mein Volk hat vertauscht sein Ehrengut,
um das, was nimmer taugt.

12 Erstarrt ihr Himmel darob,
entsetzt euch gewaltig, ergrimmt
– Raunspruch Jahwes –
13 daß zwiefältig böse getan mein Volk,
mich sie verliessen, die Quelle lebendigen Wassers,
sich Brunnen zu hauen, brüchige Brunnen,
die das Wasser nicht halten.

Jeremia 2,1-13

Du hast dich an das Böse gewöhnt

27Sie sagen zum Baum: Mein Vater du,
zum Stein: Du hast mich geboren.
Ja, sie wenden den Rücken mir zu,
und nimmer das Angesicht.
Wenn aber bös ist ihre Zeit, sie sagen:
– Mach dich auf und hilf uns!
28Wo aber sind deine Götter, die du dir gemacht?
Sollen sie aufstehn, so sie dir helfen,
wann bös deine Zeit!
Ja, soviel deine Städte, sind deine Götter, Juda!

29Warum streitet ihr mit mir?
Ihr alle lehntet euch auf wider mich
– Raunspruch Jahwes –
30Umsonst ich eure Söhne schlug,
sie nehmen Zucht nicht an.
Euer Schwert die Künder fraß,
wie ein würgender Leu.
31Geschlecht ihr, seht das Wort Jahwes:
Bin Wüste ich für Israel, oder tiefdunkel Land?
Was spricht mein Volk: Wir trutzen,
nimmer kommen wir zu dir!
32Vergißt die Jungfrau ihr Geschmeid,
die Braut ihr Band?
Doch mich mein Volk vergaß,
seit Tagen sonder Zahl.

33Wie gut du richtest deinen Weg
zum Liebschaftsuchen!

Darum hast an das Böse
deine Wege du gewöhnt,
34 sich fand an deinen Säumen auch
das Blut dürftigen, unsträflichen Lebens,
das du nicht etwa beim Einbruch fandest.
35 Ja, bei all dem sprichst du noch:
– Ich bin unsträflich,
fürwahr, sein Zorn sich von mir kehrt.

Wohlan, ich rechte mit dir,
ob deiner Rede: Ich fehlte nicht.
Jeremia 2,27-35

Warum soll ich dir verzeihen?

1 Durchstreift Jerusalems Gassen,
seht nach und erfahrt, durchsucht seine Plätze,
ob einen ihr findet, ob einen es gibt,
der tut das Rechte, der sucht die Treu –
ich würd ihr verzeihen.

4 Ich aber sprach zu mir:
Nur die Geringen, die gebaren sich blöd,
wissen ja nicht den Weg Jahwes,
das Recht ihres Gottes.
5 Ich will zu den Großen nun gehen, mit ihnen reden,
die wissen ja den Weg Jahwes,
das Recht ihres Gottes.
Doch – allsamt sie brechen das Joch,
die Stricke sie zerreißen.

7Für was soll ich verzeihen dir?
Deine Söhne mich verliessen,
bei Nichtgöttern sie schwören.
Mir habe ich sie zugeschworen,
und sie brachen doch die Ehe,
scharten sich im Hurenhaus,
8wurden feiste, geile Hengste,
wieherten jeder ums Weib des Genossen.
9Sollt an solchen ichs nicht ahnden,
– Raunspruch Jahwes –
mich rächen nicht an einem Volk wie diesem?

Jeremia 5,1.4-5.7-9

Die Chance der Umkehr

Wie Ton in Töpfers Hand

1Das Wort, das Jeremia geschah
von Jahwe her, sprach:
2Steh auf, steig hinab ins Haus des Töpfers,
dort laß ich meine Worte dich hören.
3Ich stieg hinab in das Haus des Töpfers,
der grad beim Geschäft an der Zweierscheibe war.
4Verdarb das Gefäß, das er machte,
wie es geht mit Ton in Töpfers Hand,
so machte er wieder ein andres Gefäß,
wie es richtig zu machen in den Augen des Töpfers.

5 Da geschah mir das Wort Jahwes, sprach:
6 Kann ich es nicht wie dieser Töpfer
mit euch, Haus Israel, machen?
– Raunspruch Jahwes –
Seht, wie Ton in Töpfers Hand,
seid ihr in meiner Hand, Haus Israel.

7 Bald rede ich über ein Volk und ein Königreich,
es auszuroden, einzureissen, verschwinden zu lassen.
8 Doch kehrt dies Volk sich ab vom Bösen,
weswegen ich geredet über es,
so gereut es mich des Bösen,
das ich zu tun gedachte.
9 Bald red ich über ein Volk und ein Königreich,
es aufzubauen und einzupflanzen.
10 Doch tuts, was bös in meinen Augen,
daß es nicht hört auf meine Stimme,
so gereut es mich des Guten,
das ich ihm zu tun versprach.
11 Jetzt aber sprich zu Judas Männern
und zu Jerusalems Sassen, sprich:
So spricht Jahwe:
Da – wie töpfernd bild ich Böses über euch,
plan einen Plan ich über euch:
Kehrt doch um von seinem bösen Weg ein jeder,
bessert eure Wege und Werke.

Jeremia 18,1-11

Erkenne deine Schuld

13Erkenne deine Schuld, daß du dich aufgelehnt
wider Jahwe, deinen Gott,
verstreut deine Minne an Fremde,
unter allen Bäumen grün,
doch meine Stimme habt ihr nicht gehört
– Raunspruch Jahwes –

14Kehrt um, ihr Söhne abgekehrt
– Raunspruch Jahwes –
denn euch hab ich mir zugeeignet:
Ich greif euch heraus,
einen aus der Stadt, zwei aus der Sippe,
und lasse euch kommen nach Zion.
15Ich gebe euch Hirten nach meinem Herzen,
die weiden euch in Erkenntnis und Erklugung.
16Dann wirds geschehen:
So ihr euch mehret und fruchtet im Land,
in jenen Tagen – Raunspruch Jahwes –
da sagen sie nimmer:
– Wo ist der Schrein des Jahwe-Bundes?
Er geht das Herz nicht an,
nicht denken sie seiner, sie missen ihn nicht,
und gemacht wird er nimmer.
17In jener Zeit wird sie heißen:
Jerusalem der »Thron Jahwes«.
Sich sammeln wird dahin der Völker All,
zum Namen Jahwes, nach Jerusalem hin,
und nimmer nachgehen werden sie
dem stockstarren Herzen, dem bösen.

18 In jenen Tagen gehen sie,
Haus Juda samt Haus Israel,
und kommen vereint aus dem Nordland
ins Land, das euren Vätern ich zugeeignet.
Jeremia 3,13-18

Wenn du fortschaffst deine Greuel

19 Ich aber hatte gesprochen:
Wie will ich unter die Söhne dich stellen,
ein Wunschland dir geben, ein Prachteigentum,
das prächtigste unter den Völkern!
Und sprach: Ihr ruft mich »Mein Vater«,
und kehrt euch nicht ab vom Hinter-mir-Her.
20 Doch – wie ein Weib verrät seinen Gefährten
so habt ihr mich verraten, Haus Israel
– Raunspruch Jahwes –

21 Laut über Kahlhöhen hin wird Weinen gehört,
Flehen der Söhne Israels,
daß sie verkehrten ihren Weg,
vergaßen Jahwe, ihren Gott.

22 Kehrt um, ihr Söhne abgekehrt,
ich will eure Abkehr heilen.
– Da sind wir, laufen zu dir,
denn du bist Jahwe, unser Gott.
23 Fürwahr, zum Trug die Hügel sind,
der Lärmbraus der Berge.
Fürwahr, in Jahwe, unserm Gott, ist Heil für Israel.

24 Aber der Schandgötze fraß unsrer Väter Ermühtes
seit unsrer Jugend, ihr klein und großes Vieh,
ihre Söhne und Töchter.
25 Laßt uns in unsre Schand uns legen,
soll unsre Schmach uns decken,
daß wir an Jahwe, unsrem Gott, gefehlt,
wir und unsre Väter,
seit unsrer Jugend, bis zum heutigen Tag,
und nicht gehört die Stimme Jahwes, unseres Gottes.

1 Wenn du umkehrst, Israel
– Raunspruch Jahwes –
zu mir du wiederkehrst,
wenn du fortschaffst deine Greuel,
so schweifst du nicht heimatlos hinweg von mir.
2 Und schwörst du: Jahwe lebt –
in Treuen, in Recht und Wahrheit,
so segnen Völker sich mit dir,
mit dir sie sich preisen.

3 Ja, so spricht Jahwe,
zu Judas Männern, Jerusalems Sassen:
Brecht euch einen Neubruch, sät nicht in Dornen.
4 Für Jahwe euch beschneidet,
abtut eures Herzens Vorhaut,
Judas Männer, Jerusalems Sassen.
Sonst zieht aus wie Feuer mein Grimm
und loht, und keiner löscht,
ob der Bosheit eures Treibens.

Jeremia 3,19-4,4

Haben Augen und sehen nicht

[20]Meldet dies im Haus Jakob,
in Juda laßt es hören, sagt:
[21]Höret dies: Töricht unverständig Volk!
Haben Augen und sehen nicht,
haben Ohren und hören nicht!
[22]Mich fürchtet ihr nicht
– Raunspruch Jahwes –
bebt nicht vor meinem Angesicht,
der ich gesetzt den Sand zur Marke dem Meer,
zur Urzeitscheide, die es nicht überwalle:
Brandet es auf, nichts es vermag,
tobt sein Gewog, so wallt es nicht über.
[23]Doch diesem Volk ist worden
ein störrig trotziges Herz,
sie schieden und gingen,
[24]und sagten im Herzen sich nicht:
Laßt uns fürchten, Jahwe, unsern Gott,
der spendet den Guß,
den Früh- und Spätregen je zur Zeit.
Der für uns wahrt die Wochen,
die Grenzen der Ernte.
[25]Euer Verschulden hat dies verbogen,
euer Verfehlen das Wohl euch verwehrt.

[26]Ja, Bösewichte finden sich in meinem Volk,
erwuchern sich Habe,
stellen wie Vogler die Würgefalle,
Menschen fangen sie ein.

27 Wie voll von Vögeln ein Korb,
sind voll ihre Häuser von Gaunergut.
Darum werden sie groß und reich,
28 werden fett und gewampt,
wallen gar über von üblen Reden,
streiten nicht der Waisen Streit,
errechten nicht des Armen Recht.
29 An solchen sollt ich nicht ahnden
– Raunspruch Jahwes –
an Volk wie dem da mein Leben nicht rächen?

30 Schreck und Schauder geschieht im Land:
31 Die Künder künden Trug,
die Priester lehren auf eigene Faust,
und also liebt es mein Volk …
Was aber tut ihr am Ende?

Jeremia 5,20-31

Du bist doch Jahwe

1 Was als Wort Jahwes an Jeremia geschah,
in bezug auf die Dürre:
2 Ob der Dürre Juda trauert, verwelken seine Tore,
neigen trüb zur Erde nieder,
hoch steigt Jerusalems Geheul.
3 Und seine Hochmögenden
schicken nach Wasser ihre Jungen.
Die kommen an die Gruben, und finden kein Wasser,
kehren um, die Krüge leer.
Beschämt, beschmäht sie stehen, umhüllen ihr Haupt.

4Zu Staub der Boden bröselt,
weil kein Regen ward im Land.
Beschämt die Ackerer stehen,
umhüllen ihr Haupt.
5Ja, die Hindin auch im Feld verläßt,
was eben sie gebar, denn es gibt nichts Grünes.
6Und Wildesel stehen auf Kahlhöhn,
schnappen nach Luft wie Schakale,
die Augen ihnen vergehen, denn da ist kein Kraut.

7– Wenn uns überantworten unsre Verschulden,
Jahwe, tu du um deines Namens willen.
Denn unserer Abkehren sind viele,
an dir wir uns verfehlten.
8Du, Hoffnung Israels,
sein Retter zur Zeit der Drangsal,
warum bist worden du wie ein Fremdsaß im Land,
dem Wanderer gleich, der einbiegt zum Nachten?
9Warum bist du worden wie ein Verstörter,
wie ein Krieger, der nicht zu retten vermag?

Und du bist doch Jahwe in unserer Mitte,
und dein Name ist gerufen über uns –
Laß uns nicht liegen!

Jeremia 14,1-9

Gericht: Den Feinden preisgeben

Sei gewarnt, Jerusalem

1 Flüchtet, Söhne Benjamins,
fort aus Jerusalems Mitte!
In Tekoa stoßt ins Horn,
auf Bet-Kerem laßt hoch das Hochsignal!
Denn Böses von nordher blickt
und großer Zusammenbruch!

2 Du Hübsche, du Verwöhnte,
stille wirst du, Tochter Zion!
3 Weidehirten kommen zu ihr, samt ihren Herden,
pflocken Zelte rings um sie,
sein Stück ein jeder weidet.
4 – Weihet ein den Kampf wider sie!
Auf! Steigen zum Mittag wir an!
– Weh uns, schon wendet der Tag,
schon dehnen sich die Schatten des Abends.
5 – Auf! Steigen zur Nacht wir hinan,
vernichten wir ihre Paläste!

10 Zu wem soll reden,
wen ich warnen, daß sie hören?
Vorhäutig ihr Ohr, aufmerken können sie nicht.
Das Wort Jahwes ward ihnen zum Hohn,
sie mögen es nicht.
11 Voll bin ich vom Grimm Jahwes,
ohnmächtig ihn zu halten.
Schütt ihn aufs Kind in der Gasse,
den Kreis der Jungen zumal.

Denn Mann wie Weib wird gepackt,
der Graukopf wie der Vollbetagte.
12 An andre gehen ihre Häuser reihum
Felder und Weiber zumal.
Ja, ich strecke meine Hand
wider die Sassen des Landes
– Raunspruch Jahwes –
13 Denn vom Kleinen bis zum Großen
alles nur Raffgut errafft,
von Künder bis Priester treibt alles nur Trug.
14 Sie flicken den Bruch meines Volkes
leichthin mit Heil-Heil-Gerede!
Und ist doch kein Heil.
15 Schämen sie sich, daß sie Greuel getan?
Doch sie sich nimmer schamrot schämen,
noch wollen sie wissen von Schmach,
drum müssen sie fallen unter den Fallenden,
stürzen zur Zeit, wann ichs ahnde.
Gesprochen hats Jahwe.

Jeremia 6,1-5.10-15

Babels König – Mein Knecht

8 Darum spricht also Jahwe der Scharen,
dafür daß ihr meine Worte nicht hörtet:
9 Wohlan, ich sende, ich hole heran
all die Sippen des Nordens – Raunspruch Jahwes –
und Nebukadnezzar, König von Babel,
meinen Knecht.

Ich führe sie über dies Land,
über seine Sassen, über all diese Völker ringsum.
Ich banne sie, ich mach sie zur Schreckstarre
und zu dauernden Trümmern.
10 Schwinden laß ich aus ihnen:
den Laut der Freude, den Laut des Frohlockens,
den Laut des Bräutigams, den Laut der Braut,
die Laute der Handmühle, das Licht der Lampe.
11 Und werden soll das ganze Land
zur Trümmerstätte, zur Schreckstarre.
Dienen sollen diese Völker
dem König von Babel, siebzig Jahr.

Jeremia 25,8-11

Böses bring ich über dies Volk

16 Gesprochen hat Jahwe:
Tretet auf die Anfangswege,
fragt nach den Urzeitpfaden.
Wo ist der Weg ins Gute?
Ihn geht, so findet ihr Ruhe für euer Leben.
Sie aber sagten: Wir gehen ihn nicht.

17 Wächter hab ich gestellt über euch:
Horcht auf den Hall des Horns.
Sie aber sprachen: Wir horchen nicht!
18 Darum hört ihr Völker,
wißt das Zeugnis, das gegen sie steht.
19 Höre du Erde:
Wohlan, Böses viel bring ich über dies Volk –

die Frucht seines Sinnens,
weil meine Worte sie nicht gehalten,
meine Weisung sie verwarfen.

20 Was soll mir denn der Weihrauch,
der von Saba kommt,
das Würzrohr, das gute, aus fernem Land!
Nicht zu Gefallen sind eure Brandopfer,
eure Schlachtmahle mir nicht genehm.
21 Darum spricht also Jahwe:
Wohlan ich lege Stolperblöcke diesem Volk,
zu stolpern dran, Väter und Söhne zumal.
Nachbar und Nächster schwinden.

Jeremia 6,16-21

Gerüstet zum Kampf wider dich

22 So spricht Jahwe:
Wohlan, ein Stamm von Nordland kommt,
erwacht, sich reckt ein großes Volk
her vom Rücken der Erde.
23 Bogen und Speer fassen sie fest,
grausam ists, erbarmungslos.
Wie das Meer braust ihr Lärmen,
auf Rossen reiten sie heran,
jeder gerüstet zum Kampf,
Tochter Zion, wider dich.

24 Wir hörten von ihm nur Hörensagen,
schon uns erschlafften die Hände,
Angst uns faßt, Wehkrampf wie die Gebärende.

25 Geht nicht aufs Feld, des Wegs nicht zieht,
denn Feindes Schwert, Grauen ringsum.

26 Tochter meines Volks, gürte den Sack,
in Asche dich wälze, mach dich ans Trauern,
wie um den Einzigen, ans bittre Klagen,
da jäh über uns der Vergewaltiger kommt.

Jeremia 6,22-26

Gericht über Jerusalem

28 Es war aber, als Jerusalem erobert ward:
1 Im neunten Jahr Zidkijas, König von Juda, im zehn-
ten Monat, da kam Nebukadezznar, König von Ba-
bel, und all seine Heermacht gen Jerusalem und sie
hielten es eng umschlossen.
2 Im elften Jahr Zidkijas, im vierten Monat, am neun-
ten des Monats, wurde die Stadt aufgebrochen.

4 Es war aber, da Zidkija, König von Juda, und all die
Kriegsmannen sie sahen, da flüchteten sie und zogen
nachts aus der Stadt, den Weg am Garten des Königs,
durchs Tor zwischen der Doppelmauer, und zogen
den Weg zur Steppe hinaus,
5 Doch die Heermacht der Chaldäer jagte hinter ihnen
her, holte Zidkija in den Steppen von Jericho ein,
nahm ihn fest und brachte ihn hinauf zu Nebukadnez-
zar, König von Babel, hinauf nach Ribla im Lande
Hamat, und der sprach über ihn den Urteilsspruch.

6Abschlachten ließ der König von Babel die Söhne
Zidkijas in Ribla, vor dessen Augen, und alle Edlen
von Juda ließ abschlachten der König von Babel.
7Und die Augen Zidkijas ließ er blenden und fesseln
ihn mit doppelter Kette, nach Babel ihn zu verbringen.
8Das Haus des Königs und die Häuser des Volks
brannten sie nieder – die Chaldäer – mit Feuer. Jeru-
salems Mauern rissen sie nieder.
9Den Überrest des Volkes, die in der Stadt noch Über-
bliebenen, die Abgefallenen, die zu ihm abgefallen
waren, und den Überrest der Handwerker ver-
schleppte Nebusaradan, der Obrist der Leibwächter,
nach Babel.
10Vom Armeleutevolk aber, von denen, die gar nichts
hatten, ließ Nebusaradan, der Obrist der Leibwache,
einen Rest im Lande Juda zurück, und gab ihnen
Weinberge und Ackerland an jenem Tag.

Jeremia 38,28;39,1-2.4-10

Der Prophet als Zeichen

1Das Wort Jahwes mir geschah, sprach:
2Nimm kein Weib,
hab keine Söhne und Töchter an diesem Ort.
3Denn so spricht Jahwe
über die Söhne und Töchter,
die an diesem Ort geboren werden,
über ihre Mütter, die sie gebären.
und über ihre Väter, die sie zeugen in diesem Land:

4Foltertod sterben sie,
werden nicht bejammert, werden nicht begraben.
Werden zu Dung auf der Blahe des Bodens,
gehen durch Schwert und Hunger zugrunde,
zum Fraß ihre Leiche,
für Vögel des Himmels und Tiere der Erde.
5Denn so spricht Jahwe:
Tritt in kein Haus, darin ein Totenmahl,
geh nicht hin, zu bejammern, nick ihnen nicht zu,
denn fortschaff ich mein Heil von diesem Volk,
die Huld und das Erbarmen
– Raunspruch Jahwes –
6Sterben wird Groß und Klein in diesem Land,
nicht begraben, niemand jammert für sie,
niemand ritzt sich die Haut,
niemand schert für sie sich kahl.
7Niemand bricht ihnen das Trauerbrot,
zum Trost ob einem Toten.
Niemand ihn mit dem Trostbecher tränkt,
ob seinem Vater und seiner Muter.

8Auch ins Trinkhaus komm nicht,
zu sitzen mit ihnen zu Zehr und Zeche,
9Denn – so spricht Jahwe der Scharen, Israels Gott:
Wohlan, ich tilge an diesem Ort
vor euren Augen, in euren Tagen,
den Laut der Freude, den Laut des Jauchzens,
den Laut des Bräutigams, den Laut der Braut.

Jeremia 16,1-9

Totenlied über Jerusalem

16 So spricht Jahwe der Scharen:
Merkt auf! Ruft die Totenliedsängerinnen,
daß sie kommen,
schickt zu den weisen Frauen, daß sie kommen,
17 daß sie eilen, Wehklag über uns erheben,
in Tränen tauchen unsere Augen,
von Wassern unsere Wimpern rieseln.
18 Ja, hallend wird Wehklag gehört von Zion:
Wie sind überwältigt,
zuschanden wir worden gar sehr.
Müssen verlassen das Land,
unsre Wohnstätten werfen sie nieder.
19 Ja, hört ihr Weiber das Wort Jahwes,
erfaß euer Ohr das Wort seines Munds:
Lehrt die Wehklag eure Töchter,
Weib dem Weibe den Totensang:
20 Denn: Der Tod in unsre Fenster stieg,
in unsre Türme kam,
das Kind er aus der Gasse hieb,
vom Markt hinweg die Burschen
– Raunspruch Jahwes –
21 Der Menschen Leiber fielen
wie Dung auf flach Gefild,
wie Ähren hinterm Schnitter,
und niemand liest sie auf.

Jeremia 9,16-21

VIII. Die fröhlich Sommerzeit

Wie ein Siegel
leg mich hin auf dein Herz,
einem Siegelring gleich
mich hin auf den Arm
Hoheslied 3,6

Früh eine Stunde im Buchenwald. Am Weg entlang die Bäumchen, junge Buchen und Eichen, die ich hab' wachsen sehen vom ersten Knospen an, im warmen März, die Sträucher, die Kräuter, und verweilend, darüberstreichelnd, die hochgeschossenen Gräser, Reihgras, Wiesenschwengel, und die von der ersten Rosette der Blätter an beobachteten Disteln, jetzt zum Teil übermannshoch aufgeschossen, noch blühend einige, andere schon die weißen »Samenbärte« tragend – all dem wie oft schon Gesehenen, Betrachteten entlang und doch, wie fast immer, als sähe ich's zum erstenmal...

Und wieder ist mir zumute wie einem, dem ein bekanntes Gesicht begegnet, das sich, ohne sich optisch zu ändern, in ein Anderes, ganz und gar Fremdes verwandelt – es ist, als ob ich *noch* ein »Auge« hätte, ein »inneres«, irgenwie sinnenhaftes, aber mehr »fühlendes« Organ, das – im Vorfeld jeder Sprache – das Anwesen – die Gegenwart des/eines unbenennbaren Wirklichen wahrnimmt.

Fridolin Stier

Brautlieder

Zieh mich hin, ich folge dir

1 Das Lied der Lieder für Salomo.

2 Laß von deines Mundes Küssen mich trinken.
Süßer ist deine Liebe als der süßeste Wein.
3 Kein Wohlruch gleicht dem Duft deiner Salben.
Dein Name ist wie geläutertes Öl.
Darum lieben dich die Mädchen allsamt.

4 Zieh mich hinter dir her, laß uns eilen.
Führ mich, o König, in dein Gemach.
Da wollen wir jubeln und deiner uns freuen,
deine Liebe preisen, mehr als Wein!
Aufrichtig liebt man dich.

Hoheslied 1,1-4

Ich bin doch schön

5 Schwarz bin ich
und ich bin doch schön, ihr Töchter Jerusalems –
wie die Zelte von Kedar,
wie Salomos Tuchgehänge.
6 Schaut nimmer mich drum an, daß ich schwarz bin!
Die Sonne wars, die so braun mich gebrannt.
Die Söhne meiner Mutter mir grollten,
zur Hüterin der Weinberge haben sie mich bestellt –
also konnte ich meinen Weinberg,
den eigenen, nicht hüten.

Hoheslied 1,5-6

Denn vorbei ist der Winter

8 Horch, mein Liebster!
Da – er kommt, springt über Berge,
hüpft über die Hügel.
9 Mein Liebster gleicht der Gazelle,
dem Hirschkitzlein.
Da – hinter unserer Mauer steht er,
er späht durch die Fenster,
durch die Gitter mit blinkenden Blicken.
10 Mein Liebster hebt an und sagt zu mir:
– Mach dich auf, meine Freundin,
komm heraus, meine Schöne!
11 Denn vorbei ist der Winter,
der Regen verflossen, vergangen.

12 Die Blumen lassen im Lande sich sehen.
Schon ist sie da, die Zeit der Lieder.
Schon ruft die Turtel durchs heimische Land.
13 Der Feigenbaum läßt seine Frühfrüchte schwellen.
Und Düfte verschenken die blühenden Reben.
Mach dich auf, meine Freundin,
komm heraus, meine Schöne!

14 Du meine Taube im Felsenspalt,
im Versteck des Stadtgemäuers,
laß dein Gesicht mich sehen,
deine Stimme mich hören:
denn voll Wohllaut ist deine Stimme
und lieblich dein Gesicht.

15 Packt die Füchse, die kleinen Füchse,
die Weinbergverwüster!
Und unsere Weinberge: blütenknospende Reben.
16 Mein Liebster ist mein
und ich bin sein – seine Lilienweide.
17 Wenn der Morgenwind weht
und die Schatten schwinden –
mußt hurtig dich regen, mein Liebster.
Machs wie die Gazelle, wie das Hirschkitzlein
auf würzigen Bergen.

Hoheslied 2,8-17

Meinem Liebsten zu eigen

11 Ich bin meinem Liebsten zu eigen
und sein Verlangen steht nach mir.
12 Laß uns wandern mein Liebster, hinaus aufs Land,
13 in den Dörfern wollen wir nächten,
in der Morgenfrüh in die Weinberge gehen,
sehen, ob sprosse die Rebe,
die Knospen aufspringen, die Granatbäume blühen.
Dort will ich dir all meine Liebe schenken.
14 Schon duften die Liebesäpfel,
an unsrer Türe hängen Wonnefrüchte allerart,
neue und auch alte.
Für dich, mein Liebster, habe ich sie aufbewahrt.

Hoheslied 7,11-14

Er hält mich umfangen

3 Seine Linke unter meinem Kopf,
seine Rechte mich umschlingt.
4 Ich beschwöre euch, Töchter Jerusalems:
Störet die Liebe nicht,
stört sie nicht auf, bis ihrs gefällt.

Hoheslied 8,3-4

Suchen und finden

Sag, wo du weidest

7Meines Herzens Liebster,
sag mir, wo du weidest, wo mittags du lagerst,
auf daß ich nicht umherirre
wie eine Umherstreunende
bei den Herden deiner Freunde.

8Weißt du es nicht, der Frauen schönste,
so komm auf den Spuren der Herden hinaus
und weide deine Zicklein bei den Hütten der Hirten.

Hoheslied 1,7-8

Meinen Herzgeliebten suchen

1Auf meinem Lager in den Nächten
hab ich gesucht den Herzliebsten,
ihn gesucht und nicht gefunden.
2Aufstehn will ich, die Stadt durchstreifen,
die Gassen und Plätze,
will suchen meinen Herzliebsten.
Hab ihn gesucht und nicht gefunden.
3Mich fand die Streifwache in der Stadt:
– Saht ihr meinen Herzliebsten?
4Kaum war ich an ihnen vorbei,
fand ich meinen Herzliebsten.
Ich hielt ihn fest und ließ ihn nimmer,
bis ich ihn heimgeführt in meiner Mutter Haus
und in die Kammer derer, die mich gebar.

5 Ich beschwöre euch, Jerusalems Töchter,
bei den Gazellen oder den Hinden der Flur:
Störet die Liebe nicht,
stört sie nicht auf, bis ihrs gefällt.

Hoheslied 3,1-5

Ich rief nach ihm

2 Ich lag schon im Schlummer,
mein Herz aber wacht.
Horch, mein Liebster, er pocht:
– Tu mir auf, meine Schwester,
meine Freundin, mein Täubchen,
mein Schatz ohne Gleichen!
Denn voll Tau ist mein Kopf,
meine Locken voll vom Träufeln der Nacht.

3 Hab mein Kleid schon abgelegt,
müßte ja nochmals mich bekleiden.
Hab die Füße mir gewaschen,
müßte ja nochmals sie beschmutzen.
4 Durch die Luke in der Tür
schiebt mein Liebster seine Hand –
Da ergreift mich wildes Weh.
5 Ich muß mich erheben meinem Liebsten zu öffnen.
Ich langte an den Riegelgriff –
da troffen mir die Hände von Myrrhe,
die Finger von Edelmyrrhe.
6 Ich öffnete die Tür für meinen Liebsten,
mein Liebster aber verschwunden war.

Mein Atem blieb weg – seinetwegen.
Ich suchte ihn und fand ihn nicht.
Ich rief nach ihm, doch antwortlos blieb mein Ruf.
7Mich fand die Streifwache in der Stadt,
sie schlugen mich blutig wund,
ja, das Gewand mir rissen vom Leib
die Mauerwächter.
8Ich bitt und beschwöre euch, Jerusalems Töchter:
Solltet ihr finden meinen Liebsten,
so sagt ihm die Kunde,
daß ich krank bin vor Liebe.

Hoheslied 5,2-8

Wo wandte sich dein Liebster hin?

1Wohin des Wegs dein Liebster ging,
du Schönste unter den Frauen,
wohin wandte sich dein Liebster?
Wir helfen dir beim Suchen.
2Hinab in seinen Garten,
zum Balsambeet mein Liebster ging,
zu schauen nach den Reben
und Lilien zu pflücken.
3Bin ich meines Liebsten
und mein Liebster ist mein,
die Lilien sein Weideland.

Hoheslied 6,1-3

An dir ist kein Makel

Meine Freundin, schön bist du

1 Ja, du bist schön meine Freundin, schön bist du.
Deine Augen hinter dem Schleier gleichen Tauben;
dein Haar – eine Herde von Ziegen,
die von Gileads Bergen niederwallen.
2 Deine Zähne sind wie eine Herde
blankgeschorner Lämmer,
die der Schwemme entsteigen,
allzusammen Zwillingsmütter
und nicht eines lämmerlos.
3 Deine Lippen sind wie ein scharlachrotes Band,
anmutig dein Mund.
Deine Schläfe, hinter dem Schleier hervor
wie des Granatapfels Schale.
4 Dein Hals ist Abbild von Davids Turm,
dem gar hoch gebauten,
der behängt mit tausend Schilden,
lauter Waffen für die Tapfern.
5 Deine zwei Brüste stehen wie zwei junge Hirsche,
wie Zwillinge einer Gazelle, die unter Lilien weiden.
6 Wenn der Morgenwind weht
und die Schatten schwinden,
gehe ich zum Myrrhenberg
und hin zum Weihrauchhügel.
7 An dir, meine Freundin, ist alles schön,
an dir ist kein Makel.

Hoheslied 4,1-7

Die eine nur ist meine Taube

8 Der Königinnen sechzig
und Nebenfrauen achtzig,
und ungezählte Mägde (mag Salomo besitzen) –
9 die eine nur ist meine Taube, meine Beste.
Die eine nur, die Liebste ihrer Mutter,
die Auserwählte derer, die sie gebar.
Die Töchter sie schauen und preisen sie glücklich.
Königinnen und Nebenfrauen –
sie singen ihr ein Lied:

10 Wer strahlt herauf wie das Morgenrot,
wie der Mond so schön, wie die Sonne so klar,
furchtbar wie die Bannerscharen.
11 Ich ging in den Garten, wo die Nußbäume stehen,
wollt sehen nach den Blumen, die blühen im Tal,
wollt schauen nach dem Weinstock,
ob Sprossen er treibt,
ob in Blüten prangen die Granatapfelbäume.

Hoheslied 6,8-11

Mein Herz hast du verzaubert

8 Komm mit mir, meine Braut, vom Libanon,
vom Libanon, komm mit mir.
Steig vom Gipfel des Amana,
vom Gipfel des Senir und Hermon,
vom Lager der Löwen, von den Bergen der Panther.

9Mein Herz hast du verzaubert, mein Schwesterlein,
mein Herz verzaubert mit einem deiner Blicke,
mit einem der Schildchen
vom Schmuck deines Halses.
10Wie schön ist deine Liebe, mein Schwesterlein.
Ja, süßer als Wein ist deine Liebe,
der Wohlruch deiner Öle:
köstlicher als aller Balsam.
11Honigseim träufeln deine Lippen, Braut.
Und unter deiner Zunge ist Honig und Milch.
Und der Duft deiner Kleider
gleicht dem Duft des Libanon.

12Ein versiegelter Garten ist meine Schwester Braut,
ein versiegelter Garten, ein versiegelter Quell.
13Dein Garten läßt sprießen
Granatapfelbäume voll köstlicher Frucht,
räucherwerkspendende Hölzer mit Narden,
14auch Narde und Aloe, Kalmus und Zimt,
samt allerlei Arten der feinsten Balsame.
15Du Quell meines Gartens!
Du Brunnen
lebendiger vom Libanon rieselnder Wasser.
16Nordwind, wach auf! Südwind, lauf!
Durchweht meinen Garten, daß ströme sein Duft.
Wohlan, in seinen Garten komme mein Geliebter
und esse die Früchte seiner Wonnen.

1Ich komme, mein Schwesterlein, in meinen Garten.
Meine Myrrhe will ich pflücken und meinen Balsam,
will kosten meine Wabe mit meinem Honig,

will schlürfen meinen Wein, und meine Milch.
Eßt meine Freunde
trinkt und berauscht euch an der Liebe.

Hoheslied 4,8-5,1

Das ist mein Liebster

9 Was hat dein Liebster andern Liebsten voraus,
du Schönste der Frauen?
Was hat er andern Liebsten voraus,
daß du so uns beschwörst?
10 Mein Liebster ist wie Milch und Blut
er ragt heraus aus Tausenden.
11 Sein Haupt: das ist wie feinstes Gold.
Sein Lockenschwall: wie Datteldolden,
schwarz wie Raben.
12 Seine Augen: wie Tauben an Wasserbächen,
in Milch gebadet die Zähne, gar schön gefaßt.
13 Seine Wangen: wie Balsambeete
die sprießen lassen Würzgewächse.
Seine Lippen: lilienschön, von Edelmyrrhe träufelnd.
14 Seine Hände: wie goldne Walzen,
die voll besetzt mit Tarschischsteinen.
Sein Leib: ein Wohlgebild aus Elfenbein,
mit Saphiren bedeckt.
15 Seine Beine wie Marmorsäulen
auf goldnen Sockeln gegründet.
Sein Aussehen gleicht dem Libanonbaum,
erlesen wie Zedern.

16Sein Gaumen ist des Süßen Fülle,
und Wonne ist alles an ihm.
Das ist mein Liebster, das ist mein Freund,
ihr Töchter von Jerusalem.

Hoheslied 5,9-16

Du bist mein und ich bin dein

9Einer Stute gleich an Pharaos Wagen
bist du, meine Freundin.
10Wie schön deine Wangen im Perlengeschmeid,
dein Hals in Korallen.
11Wir lassen dir machen ein gülden Geschmeid
mit Glöcklein aus Silber.

12Solang der König an seiner Tafel ist,
verströmt meine Narde ihren Duft.
13Ein Bündel von Myrrhe ist mir mein Geliebter,
es liegt zwischen meinen Brüsten.
14Eine Zypernblütentraube
aus den Weinbergen von En-Gedi
ist mir mein Geliebter.

15Wie schön, ja wie schön bist du, meine Freundin.
Wie Tauben deine Augen.
16Wie schön, ja wie lieblich bist du, mein Liebster.
Unser Lager – grüner Rasen.
17Die Balken unseres Hauses sind Zedern,
unsere Wände Zypressen.

1Ein Zwiebelblümchen auf Scharons Au bin ich,
eine Lilie der Täler!

2 Wie eine Lilie im Dorngebüsch
ist meine Freundin unter den Töchtern.
3 Wie ein Apfelbaum im Waldgehölz,
ist mein Liebster unter den Söhnen.
In seinem Schatten verlangt mich zu sitzen,
und süß im Mund schmeckt seine Frucht!

4 Ins Weinhaus er mich führt,
der Liebe Banner laßt über mir wehen.
5 Erquickt mich mit Traubenmus,
mit Äpfeln mich labet,
weil ich krank bin vor Liebe.
6 Seine Linke unter meinem Kopf,
seine Rechte mich umschlingt.

7 Ich beschwöre euch, Töchter Jerusalems,
bei den Gazellen oder den Hinden der Flur:
Störet die Liebe nicht,
stört sie nicht auf, bis ihrs gefällt!

Hoheslied 1,9-2,7

Stark wie der Tod ist die Liebe

Tanze, tanze Schulammit

1 Tanze, tanze Schulammit,
tanze, tanze, daß wir dich schauen.
– Was wollt ihr an Schulammit schauen?
– Den Reigen am Doppellager.

2Wie schön ist dein Schritt in den Schuhen,
du fürstliche Tochter.
Deine Hüften wohlgerundet –
ein wahres Geschmeide,
das Werk der Hände eines Meisters.
3Dein Schoß ist eine Rundschale,
dem niemals an Mischwein es mangle.
Dein Bauch ist wie ein Weizenhaufen
im Lilienhag.
4Deine Brüste, die beiden,
zwei Junghirschen gleichen,
Zwillingen einer Gazelle.
5Dein Hals ist wie ein Elfenbeinturm.
Deine Augen wie die Teiche in Heschbon,
am Tor der Stadt, genannt: »Die Völkerreiche«.
Deine Nase ist wie der Libanonturm,
der hinüber gen Damaskus schaut.
6Dein Kopf ist wie das Karmelgebirg.
Die Locken deines Kopfes wie Purpur,
ein König in den Ringeln gefangen.

7Wie schön und wie lieblich bist du,
Liebste, du Tochter der Wonnen.
8Dein Wuchs ist wie die Palme,
deine Brüste wie Trauben.
9Ich sage: Ersteigen will ich die Palme.
Ergreifen will ich die Bündel ihrer Früchte.
Daß mir doch seien deine Brüste
wie Trauben des Weinstocks,
der Hauch deiner Nase wie duftende Äpfel,

[10]dein Mund wie Edelwein,
der über Lipp und Zähne rieselt,
der das Herz mir betört mehr als Süßwein.
Hoheslied 7,1-10

Ich weckte dich unterm Apfelbaum

[5]Wer steigt dort herauf aus der Wüste,
gelehnt an den Liebsten?
– Ich weckte dich auf unterm Apfelbaum,
dort wo deine Mutter dich empfing,
ja dort, wo empfing, die das Leben dir gab.

[6]Wie ein Siegel, leg mich hin auf dein Herz,
einem Siegelring gleich auf den Arm.
Liebe ist stark wie der Tod,
gewaltsam wie die Unterwelt ist Liebesleidenschaft.
Ihre Gluten – Feuergluten,
ihre Flammen – Feuerflammen.
[7]Wasserfluten, noch so groß,
die Liebe zu löschen vermögen sie nicht,
und Ströme schwemmen sie nimmer hinweg.
Gäb einer um Liebe seines Hauses Habe dahin –
man würde ihn mit Verachtung verachten.
Hoheslied 8,5-7

IX. Wider den Alltagstrott

Brüllt der Löwe, wer fürchtet sich nicht?
Redet mein Herr Jahwe, wer kündet da nicht?
Amos 3,8

Was ist denn noch alles zu tun, um das erregendste Buch, die Bibel, zum langweiligsten aller Bücher zu machen?
Ist es nicht genug, daß man sie auf Lehren abhörte, ihr Wahrheiten abzapfte und Theologien damit zusammenbaute? Und daß man sie – neuerdings – auf das »Kerygma« reduzierte? Aber ihr Sinn ist es nicht, nur als Quelle oder Steinbruch zu glaubender Wahrheiten zu dienen. Diese Wahrheiten in allen Ehren – aber sie ist mehr: lebendige Stimme, Anrede, Aufruf des Menschen zur Umkehr, Umdenken fordernd und Aufbruch, Unruhe stiftend, drängend auf Wandlung. Das »Wort Gottes«, das sie fortdauernd bezeugt, bricht aufscheuchend in die Menschenwelt ein, wie der Wolf in die Herde der Lämmer. Wenn es mir gegeben ist, glaube und bekenne ich, daß Jesus Christus der Sohn Gottes ist, aber wenn ich das Wort höre: »Ich bin nicht

gekommen, um Frieden auf die Erde zu bringen, sondern das Schwert…«, schreckt er mich auf.
Und was ist noch zu tun, um dieses wildeste Buch zu domestizieren? Tut die Sprache seiner Übersetzer noch nicht genug? »JHWH brüllt vom Zion her…« (Amos) – aber du meinst, blökende Schafe zu hören…Sie halten der Bibel Schalldämpfer vor den Mund; denn der theologisch verdolmetschte Gott brüllt nicht.

Fridolin Stier

Orientierung

Ein unbequemer Auftrag

12 Zu Amos aber Amazja sprach:
Seher, geh, flüchte ins Land Juda,
iß dort dein Brot, dort magst du künden!
13 Zu Bet-El darfst nie mehr du künden,
denn Königsheiligtum ist das,
ein Haus des Königreichs.
14 Amos antwortete, sprach zu Amazja:
Kein Künder bin ich, kein Sohn eines Künders,
denn Rinderhirt bin ich
und Maulbeerfeigenritzer.
15 Mich nahm Jahwe hinter der Herde hinweg,
und Jahwe sprach zu mir:
Geh, künde zu meinem Volk Israel hin.

Amos 7,12-15

Sucht mich und lebt

1 Hört dieses Wort:
Ein Klagelied heb ich an ob euch, Haus Israel.
2 Gefallen ist, nimmer sich hebt die Jungfrau Israel,
hingestreckt auf ihren Boden,
keiner da, der sie erhebt.

3 Denn: So spricht mein Herr Jahwe:
Die Stadt, die mit Tausend ausrückt,
ihr bleiben Hundert als Rest.
Die mit Hundert ausrückt,
ihr bleiben Zehn als Rest für Israels Haus.
4 Denn: So spricht Jahwe zum Haus Israel:
Sucht mich! Und ihr lebt.
5 Sucht nicht Bet-El, kommt nicht zum Gilgal,
wallfahrt nicht nach Beerscheba.
Denn: Kahlgehobelt wird »der Hügel«.
»Gottesheim« zum Unheim wird!
6 Sucht Jahwe! Und lebt!
Sonst gerät er wie Feuer ans Haus Josef,
das frißt, und keiner ist, der löscht in Bet-El.

Amos 5,1-6

Damals wie heute

11 Darum: Weil ihr den Schwachen zerstampft,
Kornzinslast von ihm rafft:
baut nur Häuser aus Quadern –
wohnen drin werdet ihr nicht.

Mögt ihr wonnige Weinberge pflanzen –
ihren Wein aber trinkt ihr nicht.
12 Denn ich weiß: Eurer Frevel sind viel,
und stark eure Fehle!
Ihr – des Gerechten Bedränger,
Vertuschungsgeldnehmer,
ihr beugt die Armen im Tor.

13 Darum schweigt zu dieser Zeit der Kluge –
denn böse Zeit ist es.
14 Suchet das Gute – nicht das Böse! Auf daß ihr lebt.
So soll es sein: Jahwe, der Gott der Scharen, mit euch,
wie ihr es sagt.
15 Haßt das Böse! Liebt das Gute!
Stellt her im Tor das Recht.
Vielleicht gnadet Jahwe, der Scharen Gott,
dem Rest von Josef.

Amos 5,11-15

Gegen Unbill und Gewalt

10 Sie kennen kein Rechttun
– Raunspruch Jahwes –
die da Unbill und Gewalt in ihren Pfalzen horten.
11 Darum spricht so mein Herr Jahwe:
Ein Bedränger umzingelt das Land,
reißt herab von dir deine Macht,
leer geplündert werden deine Pfalzen.

12 So spricht Jahwe:
Wie herausreißt der Hirt aus dem Maul des Löwen

zwei Waden oder ein Fetzchen Ohr,
so reißen sich heraus Israels Söhne –
die sitzen in Samaria
in der Ecke der Liege, im damaszenischen Pfühl.

13Hört und bezeugt es im Hause Jakobs
– Raunspruch meines Herrn Jahwe,
des Gottes der Scharen –
14Ja, am Tag da ich ahnde Israels Frevel an ihm,
ahnde ich an Bet-Els Altären.
Abgehauen wird das Gehörn des Altars
und es fällt zur Erde.
15Und das Winterhaus stürze ich,
auch das Sommerhaus drauf.
Da schwinden die Elfenbeinhäuser,
vergehen die Häuser, die vielen
– Raunspruch Jahwes.

Amos 3,10-15

Gott bringt die Wende

Verzeih doch, mein Herr

1So ließ mich schauen mein Herr Jahwe:
Als er Heuschrecken schuf,
während eben die Spätsaat stieg,
die Hüpfer nach der Königsmahd

2 fraßen fast ganz der Erde Kraut –
da sprach ich: Mein Herr Jahwe, verzeihe doch!
Wie könnte Jakob bestehen? Er ist ja so klein.
3 Jahwe sich des gereute.
Es soll nicht geschehen, hat gesprochen Jahwe.

4 So ließ mich schauen mein Herr Jahwe:
Wie zum Streite rief mein Herr Jahwe das Feuer,
das fraß die große Flut,
und wollte die Feldmark fressen.
5 Ich sprach: Mein Herr Jahwe laß doch ab!
Wie könnte Jakob bestehen? Er ist ja so klein.
6 Jahwe sich des gereute:
Es soll nicht geschehen,
hat gesprochen mein Herr Jahwe.

Amos 7,1-6

Hunger nach Jahwes Wort

11 Wohlan es kommen Tage
– Raunspruch meines Herrn Jahwe –
da schicke ich Hunger ins Land:
Nicht Hunger nach Brot, nicht Durst nach Wasser,
sondern aufs Hören des Wortes Jahwes.
12 Da wanken sie von Meer zu Meer
vom Norden zum Osten hin schweifen sie,
zu suchen das Wort Jahwes – und finden es nicht.
13 An jenem Tag verschmachten die Jungfrauen,
die schönen,
die jungen Männer im Durst –

14 sie, die schwören beim Schuldgott Samarias,
die sagen: Beim Leben deines Gottes, Dan!
Beim Leben deines Geliebten, Beerscheba –
sie fallen und stehen nicht mehr auf.

Amos 8,11-14

Er stellt wieder her

11 An jenem Tage richte ich auf
Davids zerfallene Hütte,
ihre Trümmer ich richte auf, ich vermaure ihre Risse,
ich baue sie wie in Vorzeittagen.
12 Auf daß den Rest Edoms sie erben
und alle Völker, auf die gerufen mein Name
– Raunspruch Jahwes – der dieses tut.
13 Wohlan, es kommen Tage
– Raunspruch Jahwes –
da Pflüger mit Schnitter sich trifft,
Traubentreter mit Samenstreuer,
da Most die Berge träufen, alle Hügel niederwogen.
14 Da wend ich zur Wende mein Volk Israel:
Daß starrwüste Städte sie aufbauen und wohnen darin,
Weinberge pflanzen und trinken ihren Wein,
Gärten sie machen und essen ihre Frucht.
15 Ich pflanze sie in ihren Boden.
Nimmer sie werden gereutet aus ihrem Boden,
den ich ihnen gegeben –
spricht Jahwe, dein Gott.

Amos 9,11-15

Himmelschreiend

Frevel rund um die Erde

6 So spricht Jahwe:
Ob dreier Frevel von Gaza,
ob vierer – ich wend es nicht ab.
Ob dem, daß sie allsamt verschleppten,
um sie auszuliefern an Edom:
7 Sende ich Feuer ins Gemäuer von Gaza,
das frißt seine Pfalzen,
8 rotte ich aus den Thronherrn aus Aschdod
den Zepterträger aus Aschkelon,
wende meine Hand ich wider Ekron,
hinschwindet der Rest der Philister,
spricht mein Herr Jahwe.

9 So spricht Jahwe:
Ob dreier Frevel von Tyrus
ob vierer – ich wend es nicht ab.
Ob dem, daß die Verschleppten allsamt,
sie ausgeliefert an Edom,
des Bruderbundes nicht gedachten:
10 Sende ich Feuer in die Gemäuer von Tyrus,
das frißt seine Pfalzen.

11 So spricht Jahwe:
Ob dreier Frevel von Edom
ob vierer – ich wend es nicht ab.
Ob dem, daß mit dem Schwert
seinen Bruder er hetzte,

er niederschlug sein Herzenserbarmen,
seinen Grimm für immer hegte,
seinen Wutbrand wahrte die Zeiten hin:
12 Sende Feuer ich zu Teman,
das frißt die Pfalzen von Bozra.

13 So spricht Jahwe:
Ob dreier Frevel der Ammonsöhne,
ob vierer – ich wend es nicht ab.
Ob dem, daß sie geschlitzt die Schwangeren Gileads,
um ihr Wohnland zu weiten:
14 Zünde ich Feuer im Gemäuer von Rabba,
das frißt seine Pfalzen
im Siegschrei am Tag der Schlacht,
im Wirbel am Tag des Orkans.
15 Da geht in die Verschleppung ihr König,
er samt all seinen Fürsten – spricht Jahwe.

1 So spricht Jahwe:
Ob dreier Frevel Moabs,
ob vierer – ich wend es nicht ab.
Ob dem, daß zu Kalk sie verbrannten
des Königs von Edom Gebein:
2 Sende ich Feuer nach Moab,
das frißt die Pfalzen von Kerijot.
Da stirbt hin im Getümmel Moab
beim Siegschrei im Schallen des Horns.
3 Da rotte ich in ihrer Mitte den Richter aus
und all seine Fürsten erwürg ich mit ihm –
spricht Jahwe.

Amos 1,6-2,3

Nicht anders bei Gottes Volk

4 So spricht Jahwe:
Ob dreier Frevel Judas,
ob vierer – ich wend es nicht ab.
Ob dem, daß die Weisung Jahwes sie verwarfen,
seine Gesetze nicht wahrten,
ins Irre ihr Trugzeug sie führte,
dem schon ihre Väter nachliefen:
5 Schicke Feuer ich nach Juda,
das frißt Jerusalems Pfalzen.

6 So spricht Jahwe:
Ob dreier Frevel Israels,
ob vierer – ich wend es nicht ab.
Ob dem, daß den Gerechten
um Geld sie verschachern,
den Armen für ein Paar Schuhe –
7 sie, die da stampfen auf den Kopf des Geringen,
auch noch im Erdenstaub.

Gebeugte abdrängen vom Weg,
der Mann und sein Vater gehen zur selben Metze,
zu entweihen meinen heiligen Namen.
8 Sie drängen auf gepfändeten Mänteln
sich neben jeden Altar,
saufen den Wein von Gebüßten im Haus ihres Gottes.
9 Ich bins, ja ich, der den Amoriter vor ihnen getilgt,
der wie Zedern hoch gewachsen
und stark war wie die Eichen:
Ich tilge seine Frucht hoch oben
und seine Wurzeln tief unten.

10Ich bins, ja ich,
der euch aus dem Lande Ägypten geführt,
gegängelt euch im Ödland vierzig Jahre,
um des Amoriters Land zu erben.
11Ich ließ Künder aufstehn aus euren Söhnen,
aus euren jungen Männern Geweihte.
Ist es nicht so, ihr Söhne Israels?
– Raunspruch Jahwes –
12Ihr aber tränket mit Wein die Geweihten,
die Künder ihr hießet: Ihr sollt nicht künden.

13Nun denn, wanken mach ichs unter euch,
so wie der Wagen wankt, der voll von Garben.
14Da schwindet die Zuflucht dem Schnellen,
der Starke nicht strafft seine Kraft,
der Held nicht rettet sein Leben.
15Greift einer den Bogen, stand hält er nicht,
rettet sich nicht der Schnellfüßige,
rettet nicht sein Leben der Reiter zu Roß.
16Der Herzstärkste gar unter den Helden –
nackt wird er flüchten an jenem Tag
– Raunspruch Jahwes.

Amos 2,4-16

Wer fürchtet sich nicht!

1Hört dieses Wort,
das gesprochen Jahwe über euch, Söhne Israels,
über alle Sippen, die geführt ich
aus dem Lande Ägypten – sprach:

2 Nur euch hab ich erkannt
aus allen Sippen des Erdreichs,
darum ahnde ich an euch all eure Verfehlungen.

3 Gehen zwei selbander,
außer sie sind sich begegnet?
4 Brüllt der Löwe im Wald
und hat nicht Geraubtes?
Gibt Laut der Jungleu aus seinem Schlupf,
außer er hat was geschnappt?
5 Fällt der Vogel im Klappnetz zur Erde
und war kein Stellholz daran?
Springt auf das Klappnetz vom Boden
und hat nichts geschnappt?
6 Stößt man ins Horn in der Stadt
und das Volk schreckt nicht auf?
Geschieht ein Unglück in der Stadt
und Jahwe hats nicht getan?

7 Denn nicht tut irgendwas mein Herr Jahwe,
ohne daß seinen Plan er enthüllt
seinen Knechten, den Kündern.
8 Der Leu hat gebrüllt –
wer fürchtet sich nicht?
Mein Herr, Jahwe, hat geredet –
wer kündet da nicht?

Amos 3,1-8

Fort von mir

21 Ich hasse, ich verwerf eure Feste,
eure Abhaltungen mag ich nicht riechen.
22 Ja, bringt ihr mir Brandopfer dar,
eure Huldigungsspenden – ich schätze sie nicht,
euer Mastkälberfriedmahl – ich blicke nicht hin!
23 Fort von mir mit dem Lärm deiner Lieder,
dein Harfengezupf – ich höre nicht hin!
24 Wälzte sich Recht wie die Wasser daher,
Gerechtheit wie ein stetiger Bach!

25 Habt ihr mir Schlachtopfer und Spenden geliefert
in der Wüste vierzig Jahre, Haus Israel?
26 Habt ihr getragen Sakkut, euren König,
den Stern eures Gottes Kewan,
andere Bilder ihr euch gemacht?

27 Verschleppen lasse ich euch über Damaskus hinaus,
spricht Jahwe, des Name ist: Gott der Scharen.

Amos 5,21-27

X. Herbst und Ernte

Der Israel zerworfelt,
der sammelt es wieder ein,
er hütets wie ein Hirt seine Herde.
Jeremia 31,10

Über die Namen der Dinge hinaus,
über die Sprache hinaus,
über die Wissenschaft hinaus,
über die Begriffe hinaus –
in die FREMDE,
wie Abraham, dem geheißen war: »Zieh fort aus deiner Heimat, fort aus deiner Stadt, fort aus dem Haus deines Vaters, fort…, und geh in das Land, das ich dich schauen lassen will…«
Geh, verlaß die Heimat, die Welt, darin du geboren bist, darin du dich eingerichtet hast – das Haus voll von den Namen der Dinge, die um dich sind, laß alles, was dir die Sprache über sie vorspricht, laß auch alles, was dir die Wissenschaft über sie zu wissen gibt, laß auch die Begriffe, mit denen du nach den Dingen greifst – laß dieses Haus hinter dir, geh! Dann wirst du, vielleicht wirst du dann dem Anderen begegnen, für das du

weder Namen noch Wissen noch Begriffe hast, dem ur- und ingründig Wirklichen und Wissenden begegnen. Du wirst »schauen«...

Fridolin Stier

Prophetenschicksal

Ich ließ mich betören

7Betört hast du mich, Jahwe,
ich ließ mich betören.
Stark wardst du mir, übergewaltig.
Ich ward zum Gelächter jeden Tag,
alles spottet meiner.
8Denn allmal ich rede, muß schreien,
muß rufen ich: Unbill! Gewalt!
Ja, das Wort Jahwes mir ward
zu Schimpf und Schmäh all Tag.
9Sprech ich: Ich denke sein nicht mehr,
ich red nicht mehr mit seinem Namen,
dann wirds im Herzen mir wie brennend Feuer,
gezwängt mir ins Gebein,
und bin zu schwach, es auszuhalten,
ich kann es nicht ertragen.
10Ja, ich höre der Vielen Geflüster:
Grauen ringsum!
Meldets! Laßts uns melden!
All die mir friedgesonnen waren,
auf meinen Hinsturz lauern:

Vielleicht er sich betören läßt,
dann kommen wir ihm bei
und nehmen an ihm unsere Rache.
11 Doch Jahwe ist mit mir,
wie ein trutziger Held.
Drum straucheln meine Häscher, und können nichts,
stehen sehr beschämt, weil nichts sie verstehen,
zu fortdauernder Schmach, unvergeßlich.

14 Verflucht der Tag, da geboren ich ward,
der Tag, da mich meine Mutter gebar –
er sei nicht gesegnet!
15 Verflucht der Mann,
der meinem Vater die Kunde gebracht:
Geboren ward dir ein männliches Kind –
und glückfreudig ihn machte!
16 Jener Mann sei den Städten gleich,
die umgestürzt Jahwe,
der sichs nicht gereuen ließ.
Geschrei hör er am Morgen,
Schlachtschrei zur Mittagszeit.
17 Denn er hat im Schoß mich nicht getötet,
daß die Mutter ward mein Grab,
und auf Weltzeit schwanger ihr Schoß.
18 Warum doch ging ich aus dem Schoß!
Qual und Gram zu schauen,
daß in Schande vergehen meine Tage!
Jeremia 20,7-11;14-18

Du prüfst mein Herz

1Gerechtfertigt bleibst du, Jahwe,
wenn gegen dich ich streite.
Und doch red ich mit dir ums Recht:
Warum glückt der Weg der Frevler,
sind wohl dran all die Erzverräter?
2Du pflanzest sie ein,
sie wurzeln schon, sie fassen fest,
und setzen schon Frucht an.
Nahe bist du ihrem Mund,
doch fern von ihren Nieren.
3Du aber, Jahwe, du kennst mich, du siehst mich,
du prüfst mein Herz, das mit dir ist.
Reiß sie wie Schafe zur Schlachtbank.
Weihe sie zum Würgetag.

4Wie lange trocknet das Land,
dorrt alles Kraut des Feldes?
Ob der Bosheit seiner Sassen
ward Vieh und Vogel hingerafft.
Denn sie sagen: Er sieht nicht unsre Pfade!

5Wenn du mit Läufern liefst
und sie dich erschöpften,
wie willst mit Rossen du wetteifern?
Fühlst dich nur sicher in heilem Lande,
wie machst dus erst im Dickicht des Jordan?
6Denn auch deine Brüder und das Haus deines Vaters,
auch sie verraten dich, auch sie rufen

vollstimmig hinter dir her:
Trau ihnen nicht, wenn Gutes sie reden zu dir.
Jeremia 12,1-6

Heile mich, so bin ich heil

12 Thron der Würde, erhaben von uran,
Ort unsres Heiligtums!

13 Jahwe, Hoffnung Israels!
Beschämt werden alle, die dich verlassen.
Die Abgewichenen werden in den Sand geschrieben,
weil Jahwe sie verlassen,
den Quell lebendigen Wassers.

14 Heile mich, Jahwe, so bin ich heil,
errette mich, so bin ich gerettet,
denn du bist mein Ruhm.
15 Die da, die sprechen zu mir:
Wo bleibt das Wort Jahwes? Mags kommen!
16 Ich aber – ich drängte nicht
hinter dir her, wegen Bösem,
den Wehsaltag wünschte ich mir nicht her.
Du weißt, was meine Lippen vorgebracht,
dir grad vorm Angesicht geschahs.
17 Nicht zum Schrecken werde mir,
meine Zuflucht du, am bösen Tag!
18 Beschämt sei mein Verfolger –
nimmer sei ich der Beschämte.
Verschreckt seien jene –
nimmer sei ich der Verschreckte.

Führ her auf sie den bösen Tag,
zwiefach brich sie zu Bruch.
Jeremia 17,12-18

Todesurteil – nicht vollstreckt

7Die Priester aber, die Künder und alles Volk
hörten Jeremia diese Worte reden im Hause Jahwes.
8Da geschahs: Als Jeremia zu Ende war,
all das zu reden, was Jahwe ihm geboten hatte
zu allem Volk zu reden,
packten ihn die Priester und Künder
– und alles Volk – sprachen:
Des Todes wirst du sterben.
9Weshalb kündest du im Namen Jahwes, sprichst:
Daß wie Schilo werde dieses Haus
und diese Stadt veröde, ohne Sassen?
Da sammelte sich alles Volk um Jeremia
im Hause Jahwes.
10Und die Fürsten Judas hörten diese Worte,
stiegen vom Hause des Königs
hinauf zum Hause Jahwes,
und setzten sich eingangs des neuen Jahwetores.
11Nun sprachen die Priester und Künder
zu den Fürsten und zu allem Volk, sagten:
Ein Todesurteil gehört sich für diesen Mann,
denn gegen diese Stadt hat er gekündet,
wie ihr mit eigenen Ohren gehört.
12Da sprach Jeremia
zu allen Fürsten und zu allem Volk, sagte:

Jahwe hat mich gesandt,
daß gegen dieses Haus und diese Stadt
ich all die Worte künde, die ihr gehört.
13Nun aber: Macht gut eure Weg und Werke,
hört auf die Stimme Jahwes, eures Gottes,
so reut es Jahwe des Bösen,
das wider euch er geredet.
14Ich aber, da: Ich bin in eurer Hand,
tut mir, wies gut ist und gerade in euren Augen.
15Doch, wissen sollt ihr:
Wenn ihr mich tötet, bringt ihr schuldlos Blut
auf euch und diese Stadt und ihre Sassen,
denn in Wahrheit hat mich gesandt Jahwe
wider euch,
zu euren Ohren all diese Worte zu reden.
16Die Fürsten und alles Volk aber sagten
zu den Priestern und den Kündern:
Es gibt für diesen Mann kein Todesurteil,
denn mit dem Namen Jahwes, unseres Gottes,
hat er geredet zu uns.

Jeremia 26,7-16

Weil sie meine Worte nicht hören

14Da Jeremia vom Tofet her gekommen war,
wohin Jahwe ihn zum Künden gesandt,
stand er auf im Vorhof des Hauses Jahwes
und sprach zu allem Volk:

15 So spricht Jahwe, Herr der Scharen, der Gott Israels:
Wohlan, ich bringe auf diese Stadt
und auf all ihre Tochterstädte,
all das Böse, das ich geredet über sie,
weil sie härteten ihren Nacken,
meine Worte nicht zu hören.

1 Paschhur aber, Sohn des Immer, der Priester,
der Hauptwalter war im Hause Jahwes,
hörte Jeremia diese Worte künden.
2 Da ließ Paschhur Jeremia, den Künder, schlagen,
und ihn auf den Krümmblock legen,
auf den am oberen Benjamintor, beim Haus Jahwes.
3 Des andern Tags nun,
als Paschhur Jeremia aus dem Krümmblock holte,
sprach Jeremia zu ihm:
Deinen Namen ruft Jahwe nicht Paschhur,
sondern Magor, »Grauen ringsum.«
4 Denn so spricht Jahwe:
Wohlan, ich gebe dem Grauen dich preis,
dich und alle, die dich lieben,
sie fallen durchs Schwert ihrer Feinde,
indes deine Augen es sehen.
Und ich gebe ganz Juda
in die Hand des Königs von Babel,
daß er sie nach Babel verschleppe,
und mit dem Schwert sie schlage.
5 Ich geb allen Hort dieser Stadt,
all ihren Müherwerb, all ihr Kleinod
und alle Schätze der Könige von Juda,

ich gebs in die Hand ihrer Feinde,
daß die sie plündern, sie wegnehmen
und sie fortführen nach Babel.
6Du aber Paschhur, und alle Sassen deines Hauses,
ihr geht in Gefangenschaft.
Nach Babel kommst du,
dort wirst du sterben und wirst dort begraben:
Du und alle, die dich lieben, denen Trug du kündest.

Jeremia 19,14-20,6

Weh mir, daß ich geboren

10Weh mir, Mutter, daß du mich geboren:
Den Mann des Streites,
den Mann des Haders fürs ganze Land!
Ich borgte nicht, noch borgte mir einer,
doch alle mir fluchen.
11Dem sei so, Jahwe,
wenn dir ich nicht zum Guten diente,
wenn ich in dich nicht drang, in böser Zeit,
in Drangsalzeit dem Feind zugunsten.

15Du weißt es, Jahwe, denk meiner, suche mich heim,
und räch mich an meinen Verfolgern,
halt nicht zurück deinen Zorn.
Raff mich nicht hin,
wisse, um dich trage ich Schmach.
16Fanden sich Worte von dir, ich verschlang sie,
dein Wort zur Wonne mir ward,

zur Freude meines Herzens,
denn gerufen ist dein Name über mir:
Jahwe, Gott der Scharen.
17 Bin nie gesessen im lachenden Kreis,
daß heiter ich war.
Saß einsam unter deiner Hand,
weil du mich mit Grimm erfülltest.

18 Warum ewigt sich mein Schmerz,
ist meine Wunde unheilbar,
weigernd sich zu heilen?
Du bist mir geworden wie ein Trugbach,
wardst mir wie unstete Wasser.

19 Darum sprach also Jahwe:
Kehrst du um, so laß ich dich umkehren.
Sollst stehen vor meinem Angesicht.
Bringst du Gediegenes vor ohne Gemeines:
Wirst meinem Mund du gleich.
Diese kehren sich zu dir,
nicht du kehrst dich zu ihnen.
20 Ich geb dich diesem Volk
als erzne, gähe Mauer.
Kämpfen sie gegen dich an,
können sie nimmer dir an.
Denn ich bin mit dir, zu retten dich
und heraus dich zu reißen.
– Raunspruch Jahwes.

Jeremia 15,10-11.15-20

In die Zisterne geworfen

3So spricht Jahwe:
Preisgegeben wird diese Stadt
in die Hand der Heeresmacht des Königs von Babel;
und der wird sie erobern.

4Da sprachen die Fürsten zum König:
Getötet werde dieser Mann!
Denn er erschlafft die Hände der Kriegsmannen,
die in dieser Stadt noch übrigen,
und die Hände allen Volks,
daß er zu ihnen dergleichen Worte redet.
Dieser Mann ist ja nimmer bedacht
auf Heil für dies Volk, sondern auf Unheil.
5Der König Zidkija sprach:
Wohlan, er ist in eurer Hand,
der König vermag ja nichts wider euch.
6Da nahmen sie Jeremia fest,
warfen ihn in die Zisterne Malkijas,
des Königssohns,
die im Wachhof war
und ließen Jeremia an Stricken hinunter.
In der Zisterne aber gabs kein Wasser, nur Schlamm.
Jeremia sank in den Schlamm.

7Nun hörte Ebed-Melech, der Mohr,
ein Verschnittener
– der war im Haus des Königs –
daß sie Jeremia in die Zisterne gesetzt hatten.
Eben saß der König im Benjamintor.

8 Da ging Ebed-Melech vom Königshaus hinaus
und redete zum König, sprach:
9 Mein Herr König,
böse taten diese Männer mit allem,
das sie Jeremia, dem Künder, getan,
damit, daß sie ihn in die Zisterne warfen.
Da stirbt er ja auf der Stelle vor Hunger –
denn kein Brot war mehr in der Stadt.
10 Da gebot der König Ebed-Melech, dem Mohren,
sprach: Nimm von hier dreißig Männer zur Hand
und hol Jeremia, den Künder,
von der Zisterne herauf, ehe er stirbt.
11 Da nahm sich Ebed-Melech die Männer zur Hand,
trat ins Haus des Königs,
unterhalb der Schatzkammer
nahm von dort Lumpen
abgetragener, zerfetzter Kleider
und ließ sie an Stricken
in die Zisterne zu Jeremia hinab.
12 Und Ebed-Melech, der Mohr, sprach zu Jeremia:
Leg die Lumpen abgetragenen und zerfetzten Zeugs
in die Schultergelenke unter die Stricke.
Und so tat Jeremia.
13 Da zogen sie Jeremia an den Stricken,
und holten ihn aus der Zisterne herauf.
Und Jeremia saß weiterhin im Wachhof fest.

Jeremia 38,3-13

Angebot und Chance

Willst du oder willst du nicht?

14 Der König Zidkija sandte
und ließ Jeremia, den Künder, zu sich holen
an den dritten Eingang zum Haus Jahwes.
Und der König sprach zu Jeremia:
Fragen will ich dich um das Wort,
verhehle mir ja kein Wort!
15 Jeremia sprach zu Zidkija: Wenn ichs dir melde,
wirst du mich dann nicht töten, ja töten?
Und wenn ich dir rate, hörst du doch nicht auf mich!
16 Da schwur der König Zidkija
dem Jeremia insgeheim, sagte:
So wahr Jahwe lebt, der uns dieses Leben gemacht,
nimmer will ich dich töten,
nimmer dich geben in die Hand der Männer,
die nach dem Leben dir trachten!

17 Da sagte Jeremia zu Zidkija:
So spricht Jahwe, der Gott der Scharen, Israels Gott:
Ziehst du hinaus,
hinaus zu den Fürsten des Königs von Babel,
bleibst du am Leben
und diese Stadt wird nicht mit Feuer verbrannt,
leben bleibst du und dein Haus.
18 Ziehst du aber nicht hinaus
zu den Fürsten des Königs von Babel,
so wird diese Stadt
in die Hand der Chaldäer gegeben,

die verbrennen sie mit Feuer,
und du wirst ihrer Hand nicht entschlüpfen.
19 Da sprach König Zidkija zu Jeremia:
Ich bange vor den Judäern,
die zu den Chaldäern abgefallen sind,
daß sie mich in ihre Hand geben
und sie es arg mit mir treiben.
20 Jeremia sprach: Sie übergeben dich nicht!
Hör doch auf die Stimme Jahwes,
auf das, was ich rede zu dir,
so fährst du gut und bleibst am Leben.

Jeremia 38,14-20

Gerechtheit oder Trümmerplatz

1 So spricht Jahwe:
Steig hinab ins Haus des Königs von Juda,
rede dort dies Wort, sprich:
2 Hör das Wort Jahwes, König von Juda,
der du sitzest auf Davids Thron,
du, deine Diener, dein Volk,
die durch diese Tore kommen.
3 So spricht Jahwe: Tut Recht und Gerechtheit,
entreißt den Beraubten der Hand des Bedrückers,
Fremdsassen, Waise und Witwe nicht schindet,
verübt nicht Gewalt, vergießt nicht
unschuldig Blut an diesem Ort!
4 Nein! Tun sollt ihr, tun dies Wort!
Dann kommen durch die Tore dieses Hauses

Könige, sitzend auf Davids Thron,
fahrend mit Gefährt und Rossen,
du, deine Diener, dein Volk.
5 Doch, wenn ihr nicht hört auf diese Worte,
bei mir, so schwör ich dann
– Raunspruch Jahwes –
wird zum Trümmerplatz werden dieses Haus.

8 Vorüberziehen dann viele Völker an dieser Stadt
und sprechen, einer zum andern:
Wofür hat so getan Jahwe an dieser großen Stadt?
9 Und sie sagen: Dafür, daß sie verlassen
den Bund Jahwes, ihres Gottes,
anderen Göttern sich beugten und ihnen dienten.
Jeremia 22,1-5.8-9

Frevel an Gottes Wort

1 Im vierten Jahr Jojakims, Sohns des Joschija,
Königs von Juda, ward dieses Wort des Herrn
dem Jeremia von Jahwe her, sprach:
2 Nimm dir eine Buchrolle,
und schreib all diese Worte auf, die ich geredet zu dir
wider Israel, wider Juda und wider alle Völker,
vom Tag an, da ich geredet zu dir,
von Joschijas Tagen bis zu diesem Tag.
3 Vielleicht hören die vom Haus Juda all das Böse,
das ihnen zu tun ich plane,
auf daß sie umkehren, jeder von seinem bösen Weg
und ich ihre Schuld und Fehl verzeihe.

4Da rief Jeremia den Baruch, den Sohn des Nerija,
und Baruch schrieb vom Mund Jeremias
alle Worte Jahwes,
die er geredet zu ihm, auf die Buchrolle.
5Und Jeremia gebot dem Baruch, sprach:
Ich bin ausgeschlossen,
kann nicht kommen in Jahwes Haus.
6So geh du hin und lies laut die Rolle vor,
die du mir vom Munde schriebst, die Worte Jahwes,
zu Ohren des Volks, im Haus Jahwes,
an einem Fasttag,
auch vor den Ohren aller,
die von ganz Juda von ihren Städten herkommen,
sollst du sie laut vorlesen.
7Vielleicht fällt ihr Gunstflehen hin
vor das Angesicht Jahwes,
und sie kehren um, ein jeder von seinem bösen Weg.
Denn groß ist der Zorn und der Grimm,
womit Jahwe gegen dies Volk redet.

8Und Baruch, der Sohn Nerijas, tat gemäß allem, was
Jeremia, der Künder, ihm geboten. Laut las er aus
dem Buch die Worte Jahwes im Hause Jahwes.
9Es geschah im fünften Jahr Jojakims, Sohns des Jo-
schija, Königs von Juda. Sie riefen im neunten Monat
ein Fasten aus vor dem Angesicht Jahwes für alles
Volk in Jerusalem, und alles Volk derer, die aus den
Städten Judas nach Jerusalem kamen.
10Da rief Baruch aus dem Buch die Worte Jeremias
aus, im Hause Jahwes, in der Halle Gemarjas, des

Sohns von Schafan dem Schreiber, im oberen Hof,
am Eingang des neuen Tores des Hauses Jahwes, zu
Ohren allen Volks.
11Und Micha, der Sohn Gemarjas, Sohns des Schafan,
hörte alle Worte Jahwes aus dem Buch.
12Da stieg er zum Haus des Königs hinab, zur Halle des
Schreibers. Siehe, da saßen eben alle Fürsten: Elischa-
ma, der Schreiber, Delaja, der Sohn Schemajas, Elna-
tan, der Sohn Aschbors, Gemarja, der Sohn Schafans,
Zidkija, der Sohn Hananjas und all die Fürsten.
13Und Micha meldete ihnen alle Worte, die er gehört
hatte, die Baruch aus dem Buch zu Ohren allen Volks
ausgerufen.
14Da sandten die Fürsten zu Baruch den Jehudi, Sohn
Netanjas, Sohns Schelemjas, Sohns Kuschis, um zu
sagen:
Die Rolle, aus der zu Ohren des Volkes du ausgeru-
fen hast, die nimm zur Hand und komm! Und Ba-
ruch, der Sohn Nerijas, nahm die Rolle zur Hand und
kam zu ihnen.
15Sie sprachen zu ihm:
Setz dich hin und rufs zu unseren Ohren!
Und Baruch riefs ihnen zu Ohren aus.
16Es geschah, wie sie all diese Worte hörten, erschra-
ken sie miteinander und sprachen zu Baruch: Melden
müssen wir dem König all diese Worte.
17Und Baruch baten sie: Meld uns doch, melde, wie du
all diese Worte ihm vom Mund geschrieben.
18Baruch sprach: Ihm vom Mund, Jeremia rief mir all
jene Worte zu und ich schrieb sie ins Buch mit Tinte.

19Da sagten die Fürsten zu Baruch: Geh, verbirg dich,
du und Jeremia. Niemand soll wissen, wo ihr seid.
20Sie kamen zum König in den Hof. Die Rolle aber
hatten sie in der Halle Elischamas, des Schreibers,
versorgt, und meldeten zu Ohren des Königs all die
Worte.
21Da sandte der König den Jehudi, die Rolle wegzu-
nehmen. Und der nahm sie aus der Halle Elischamas,
des Schreibers. Und Jehudi rief sie aus zu Ohren des
Königs und zu Ohren aller Fürsten, die den König
umstanden.
22Der König aber saß im Winterhaus – im neunten Mo-
nat wars – und das Feuer des Kohlebeckens war vor
ihm angezündet.
23Es geschah: So oft Jehudi drei oder vier Spalten ausge-
rufen hatte, trennte jener sie mit dem Schreibermesser
ab und warf sie ins Feuer auf dem Kohlebecken, bis die
ganze Rolle im Feuer auf dem Kohlebecken weg war.
24Und sie erschraken nicht, zerrissen nicht ihre Klei-
der, der König und all seine Diener, die all diese
Worte hörten.
25Mochten auch Elnatan, Delaja und Gemarja in den
König dringen, die Rolle nicht zu verbrennen, er hör-
te nicht auf sie.
26Und der König gebot Jerachmeel, dem Königssohn,
Seraja, dem Sohn Asriels und Schelemja dem Sohn
Abdeels: Baruch den Schreiber und Jeremia den
Künder festzunehmen.
Jahwe aber hatte sie verborgen.

Jeremia 36,1-26

Dünkt euch nicht sicher

[1]Das Wort, das Jeremia ward von Jahwe her – sprach:
[2]Tritt ins Tor von Jahwes Haus
und ruf von dort dies Wort, sprich:
Höret das Wort Jahwes: Ganz Juda,
die ihr kommt durch diese Tore,
Jahwe euch hinzubeugen.
[3]So spricht Jahwe der Scharen, Israels Gott:
Gutmacht eure Wege und Werke,
so will ich wohnen bei euch an diesem Ort.
[4]Dünkt euch nicht sicher
mit den Worten des Trugs, dem Spruch:
Der Tempel Jahwes, der Tempel Jahwes,
der Tempel Jahwes ist dies!
[5]Denn nur, wenn wirklich ihr bessert
eure Wege und Werke,
wenn wahrhaft Recht ihr schafft
zwischen Mensch und Mensch,
[6]Gastbürger, Waise und Witwe nicht drückt,
unsträflich Blut nicht vergießt, an diesem Ort,
und anderen Göttern nicht nachgeht
– zum Bösen für euch –
[7]dann laß ich euch wohnen an diesem Ort,
im Land das euren Vätern ich gab, von jeher – jehin.
[8]Ihr da, dünkt euch sicher
mit den Worten des Trugs, die nichts taugen.
[9]Wie: stehlen, morden, ehebrechen,
schwören zum Trug, räuchern dem Baal,
anderen Göttern nachlaufen, die ihr nicht kennt.

10 Und dann kommt ihr,
und tretet vor mein Angesicht in diesem Haus
ob dem mein Name ausgerufen,
und sprecht: Geborgen sind wir,
um weiter zu treiben all diese Greuel!
11 Ist worden dies Haus,
ob dem gerufen mein Name,
zur Räuberhöhle in euren Augen?
Wohlan, auch ich seh es so
– Raunspruch Jahwes –
12 Ja, geht doch an meinen Ort,
der war zu Schilo,
wo wohnen ich ließ meinen Namen einst,
und seht, was ich ihm getan,
angesichts des Bösen meines Volks Israel.
13 Und nun, dieweil ihr tut all diese Taten
– Raunspruch Jahwes –
redete ich zu euch von früh an fort und fort,
und ihr hörtet nicht,
ich rief euch, und ihr antwortetet nicht.
14 So tue ich diesem Haus
– ob dem mein Name gerufen –
in dem ihr sicher euch dünkt,
und diesem Ort, den euch und euren Vätern ich gab,
wie Schilo ich getan.
15 Ich schleudere euch fort von meinem Angesicht,
wie fort ich geschleudert all eure Brüder,
allen Samen Efraims.

Jeremia 7,1-15

Tage kommen

Geliebt auf Weltzeit

1In jener Zeit – Raunspruch Jahwes –
werd ich zum Gott allen Sippen Israels,
und sie werden mir zum Volk.

2So spricht Jahwe:
Gunst gefunden hat in der Wüste
das Volk der Schwert-Entronnenen,
an den Ort seiner Ruhe kam Israel;
3fernher Jahwe ihm erscheint:
Mit Liebe auf Weltzeit liebe ich dich,
darum zieh ich langhin dir die Huld.
4Ich will dich wiederum bauen,
daß auferbaut du stehst, Jungfrau Israel,
wieder dich mit Handpauken schmückst,
hinaus im Reigen der Fröhlichen ziehst,
5Weingärten wiederum
pflanzest Samarias Berge hinan,
der Pflanzungen Pflanzer genießen sie.
6Ja, es gibt einen Tag,
da Wächter rufen in Efraims Gebirg:
Steht auf, zum Zion laßt uns steigen,
zu Jahwe, unserem Gott.

7Denn so spricht Jahwe:
Jubelt Jakob Freude zu,
jauchzt zuhäupten der Völker,
laßt hören, lobpreisen und sprechen:

Gerettet hat Jahwe sein Volk,
den Überbleib von Israel!
8 Da – vom Nordland her führ ich sie herbei,
ich sammle sie aus hintersten Winkeln der Erde,
auch Blinde und Lahme,
Schwangere und Gebärende zumal –
als große Gemeinde kehren sie zurück hierher.
9 Mit Weinen sie kommen,
mit Tröstungen ich sie geleite,
ich lenke sie zu Wasserbächen,
auf ebenem Weg, auf dem sie nicht straucheln.
Denn ich ward Israel zum Vater
mein Erstgeborener ist Efraim.

10 Ihr Völker, hört das Wort Jahwes,
meldets den fernen Gestaden, sagt:
Der Israel zerworfelt, der sammelt es wieder ein,
er hütets wie ein Hirt seine Herde.
11 Denn Jahwe befreit Jakob,
löst ihn aus des Stärkeren Hand.
12 Sie kommen, sie jubeln auf Hoch-Zion,
strahlen über die Guttat Jahwes:
Über Korn, über Most, über Öl,
über die Jungen von Schafen und Rindern!
Da gleicht ihr Leben gelabtem Garten,
darben müssen sie nimmermehr.
13 Dann freut sich die Jungfrau des Reigens,
Jungmannen und Alte zumal.
Ich wandle ihre Trauer in Wonne,
ich tröste, ich erfreu sie nach ihrem Gram.

14 Ich labe das Leben der Priester mit Fett,
mein Volk sich sättigt an meiner Guttat,
– Raunspruch Jahwes.

Jeremia 31,1-14

Jahwe ließ mich schauen

1 Jahwe ließ mich schauen:
Da waren zwei Körbe Feigen vor dem Tempel Jahwes hingestellt, nachdem Nebukadnezzar, der König von Babel, Jojachin, den Sohn des Jojakim, des Königs von Juda und die Fürsten Judas und die Schmiede und Schlosser aus Jerusalem weggeschleppt und nach Babel gebracht hatte.
2 Der eine Korb: sehr gute Feigen, wie Frühfeigen,
der andre Korb: sehr schlechte Feigen,
nicht zu essen vor Schlechtigkeit.
3 Da sprach Jahwe zu mir: Was schaust du, Jeremia?
Ich sprach: Feigen. Die guten Feigen – sehr gut, die schlechten Feigen – sehr schlecht, nicht zu essen vor Schlechtigkeit.
4 Da ward mir das Wort Jahwes, er sprach:
5 So spricht Jahwe, der Gott Israels:
Wie auf diese guten Feigen,
so blicke ich zum Guten
auf die Verschlepptenschar Judas,
die ich von diesem Ort
ins Land der Chaldäer verschickte.
6 Ich richte mein Auge auf sie zum Guten
und führe sie zurück in dieses Land,

ich baue sie auf und reiße nicht nieder,
ich pflanze sie ein und jäte nicht aus.
7 Ich gebe ihnen ein Herz, mich zu erkennen,
daß ich bin Jahwe: Sie werden mir zum Volk,
und ich ihnen werde zum Gott,
wenn sie sich umkehren zu mir
mit ihrem ganzen Herzen.
8 Und wie die schlechten Feigen,
die nicht zu essen vor Schlechtigkeit
– ja, so spricht Jahwe –
so gebe ich Zidkija, dem König von Juda,
seinen Fürsten, den Überbleib von Jerusalem,
der überbleibt in diesem Land.
Und die Sassen im Land Ägypten,
9 die geb ich hin zum Schreckgespenst, zum üblen,
für alle Königreiche der Erde,
zum Schimpf und zum Spottspruch,
zur Stichelei und zur Verfluchung,
an all den Orten, wohin ich sie versprenge.
10 Ich sende gegen sie das Schwert,
den Hunger und die Seuche,
bis sie ganz und gar erledigt sind, hinweg vom Boden,
den ich ihnen und ihren Vätern gegeben.

Jeremia 24,1-10

Nicht für immer verloren

1 Das Wort, das Jeremia von Jahwe gesagt ward.
2 So spricht Jahwe, der Gott Israels – spricht:

Schreib dir in ein Buch all die Worte,
die ich rede zu dir.
3 Denn Tage kommen
– Raunspruch Jahwes –
da kehr ich zur Wiederkehr
mein Volk Israel und Juda, spricht Jahwe,
ich lasse sie heimkehren ins Land
das ihren Vätern ich gegeben, auf daß sie es erben.
18 So spricht Jahwe:
Wohlan, zur Wiederkehr kehr ich die Zelte Jakobs,
seiner Wohnstätten erbarme ich mich.
Wiedergebaut wird die Stadt
auf ihren Schutthügel hin;
das Schloß wird wieder sitzen
an seinem rechtmäßigen Ort.
19 Danklied von ihnen ausgeht, der Lachenden Laut.
Ich mehre sie, sie mindern sich nicht.
Ich ehre sie, sie sind nimmer gering.
20 Wie vordem werden seine Söhne sein,
gegründet vor mir seine Gemeinde,
ich ahnde es an all seinen Quälern.
21 Sein Erhabener kommt aus ihm selber,
aus seiner Mitte geht sein Herrscher hervor.
Ich lasse ihn nahen, hertreten zu mir,
denn wer sonst verpfändet sein Herz,
heranzutreten zu mir
– Raunspruch Jahwes –
22 Ihr werdet zum Volk mir,
und ich werde euch zum Gott.

Jeremia 30,1-3.18-22

Ein neuer Bund

31Da: Tage kommen – Raunspruch Jahwes –
da schließe ich einen neuen Bund
für Haus Israel und Haus Juda.
32Nicht gleich dem Bund,
den ich geschlossen für ihre Väter,
am Tag, da ihre Hand ich faßte,
sie aus Ägyptenland zu führen –
sie, die brachen meinen Bund,
wo doch ich ihr Eigner war
– Raunspruch Jahwes –

33Denn das ist der Bund, den ich schließe
mit Haus Israel nach jenen Tagen
– Raunspruch Jahwes –
Ich geb meine Weisung in ihr Inneres,
und schreibe sie ihnen aufs Herz,
und so werd ich ihnen zum Gott
und sie werden mir zum Volk.

34Nimmermehr lehren sie einander
jeder seinen Nächsten, jeder seinen Bruder
und sagen: Erkennet Jahwe!
Denn allsamt erkennen sie mich,
von ihrem Kleinen bis zum Großen
– Raunspruch Jahwes –
weil ihre Schuld ich verzeihe,
und nicht mehr gedenke ich ihres Frevels.

Jeremia 31,31-34

XI. Dunkle Tage

Vorm Hingang hat meine Seel er gerettet,
mein Leben schauet ins Licht.
Ijob 33,28

Anwaltend uns, überwaltend – oder wie immer ich es nenne – oder gar Gott. Was tut's. Entscheidend ist, daß dieses Gegenüber unser Gegenüber, das Gegenüber dieses Wir, das die Menschheit ist und wir in ihr – das es uns gegenüber und wir ihm gegenüber sind.
Andernfalls sind wir allein in der abgründigen Tiefe des Kosmos. Zwischen den Urabgründen, den unendlichen, nach oben, nach unten, nach Makro- und nach Mikrokosmos.
Andernfalls sind wir Gewordene, Herausgeworfene, Getriebene, Betriebene, durch unsere Triebe Getriebene, durch die in uns waltenden, um uns waltenden Mächtigkeiten des Alls, sind Manipulierte; sind wir die uns selbst Entwerfenden – und wissen doch nicht, was wir entwerfen sollen...
Aber: In dem Gespräch Martin Bubers einmal mit einem Atheisten, der ihn fragte, wie er denn den Namen

»Gott« immer noch brauchen möge: »Gerade darum.« Weil er so verhüllt, weil er so verdeckt ist, vergraben unter einer Fülle von Mißverständnis und einer Fülle von menschengestaltigen Vorstellungen und Märchenbildern, Vaterbildern, Bart-Vaterbildern, unter all dem, gerade darum. Weil dieser Name so geschmäht, so verloren, so hoffnungslos bedeutungslos ist, gerade darum liebe ich ihn – und auch den Vater-Namen, unter dem Er sich dem Menschensohn zugesprochen hat. Darum.

Fridolin Stier

Rat eines Freundes

Hör, Ijob meine Worte

1 Und dennoch hör, Ijob, meine Worte,
all meinen Reden leihe dein Ohr!

2 Sieh, ich öffne meinen Mund,
die Zunge spricht im Gaumen mir.
3 Gerades sagt mein Herze aus,
Lautres meine Lippen reden.
4 Geisthauch Gottes mich erschuf,
Allwalts Odem mich belebt.
5 Vermagst dus, so entgegne mir,
legs mir dar, gestelle dich!
6 Sieh, wie du steh ich zu Gott,
gekniffen ward auch ich aus Lehm.

7 Sieh, Angst vor mir macht dir nicht bang,
meine Wucht wird dir nicht schwer.
8 Jedoch, du sagtest mir zu Ohren,
ich hörte deiner Worte Schall:
9 Lauter bin, der Untat bar,
blank ich, ohne Schuld.
10 Ja, Händel sucht er wider mich,
achtet mich für seinen Feind,
11 legt meine Füße in den Block,
obwacht all meine Pfade.
12 Du bist im Unrecht, entgegne ich dir,
denn größer ist Gott als der Mensch.
13 Weshalb haderst du mit ihm,
weil er nicht all deinen Worten erwidert?

Ijob 33,1-13

Reden über Gott

Er warnt, er weist zurecht

14 Denn Gott spricht ein für alle Mal,
zum zweiten Mal macht ers nicht weis:
15 Im Traum, in nächtlicher Schau,
wann Tiefschlaf auf die Menschen fällt,
im Schlummer auf dem Pfühl –
16 da legt er bloß der Menschen Ohr,
schreckt sie mit Gesichten auf,

17dem Menschen zu wehren sein Tun,
den Hochmut vom Manne zu schälen.
18Er hält seine Seel vor der Grube,
sein Leben zurück vorm Lauf in den Spieß.
19Er weist zurecht durch Schmerz auf dem Pfühl,
durch ständig Beben im Gebein.
20Sein Leben ekelts der Speise,
des Lieblingsgerichts seine Seele.
21Sein Fleisch dem Anblick schwindet,
kahl die Knochen, die sonst nicht zu sehn.
22Der Grube sich naht seine Seele,
sein Leben der Stätte der Toten.
23Steht ein Engel ihm zur Seite,
ein Mittler, von den Tausend einer,
dem Menschen graden Weg zu weisen,
ihm kundzutun sein Fehl,
24sich seiner barmt und spricht:
»Entreiß ihn der Fahrt in die Grube,
die Deckung fand ich für ihn« –
25so schwellt von Jugend sein Fleisch,
in Jungmanns Jahre kehrt er zurück.
26Fleht dann er zu Gott, so gnadet er ihm,
läßt schaun sein Antlitz in Jauchzen,
bringt sein Gerechtsein
dem Menschen zurück.
27Er singt vor den Menschen und spricht:
»Gefehlt hab ich, gekrümmt das Gerade,
doch ward das Gemäße mir nicht.
28Vorm Hingang hat meine Seel er gerettet,
mein Leben schauet ins Licht.«

29 Siehe – dies alles tut Gott,
zweimal, dreimal mit dem Menschen,
30 zurück seine Seel aus der Grube zu holen,
auf daß er sich lichte im Lichte des Lebens.
Ijob 33,14-30

Er tut kein Unrecht

4 Laßt das Recht uns untersuchen,
erkennen zwischen uns, was gut.
5 Denn Ijob sagt: Ich bin ohne Schuld,
Gott hat abgetan mein Recht.
6 Er unterschlägt mein Recht,
ohne Frevel siecht mein Glück.
7 Wo ist ein Mann wie Ijob,
der Lästerwort wie Wasser säuft,
8 zur Zunft der Unheilstifter zieht,
mit Bösewichten wandelt!
9 Sagt er doch: ’s ist keinem Nutz,
wenn er genehm bei Gott sich macht.
10 Darum lauschet, o ihr Weisen,
verständige Männer, höret mich!
Fern ists Gott, zu freveln,
Allwalt, Recht zu beugen.
11 Denn: wie jemands Tat, vergilt er ihm,
wie Mannes Pfad, läßt ers ihn finden.
12 Fürwahr, Gott kein Unrecht tut,
das Recht beugt Allwalt nicht.
Ijob 34,4-12

Er sieht die Wege

[21]Denn sein Aug ist ob des Menschen Wegen,
er schaut all seine Schritte.
[22]Kein Finster gibt's, kein Dunkel tief,
darin sich Unheilwirker bärgen.
[23]Ja, keine Frist dem Menschen er setzt,
zu Gott zu gehen ins Gericht:
[24]Gewaltige knickt er ohne Verhör,
stellt andre auf an ihrer Statt.
[25]Drum: Er achtet ihrer Taten,
stürzt sie nachts, da sind sie zermalmt.
[26]Zur Frevlerstätte geht ihr Zug,
ihr Schritt zum Ort der Rebellen.
[27]Weil weg von ihm sie weichen,
nicht all seine Wege besinnen –
[28]bringen zu ihm sie des Schwachen Geschrei,
und hört er das Schreien der Armen.
[29]Wahrt er Ruh, wer spräch ihn schuld,
hüllt er das Antlitz, wer stritte mit ihm?
Um Volk und Menschen er sich kümmert,
[30]daß kein Gottfremd König wird.
[31]Denn nimmer ists an Gott zu sagen:
»Geirrt hab ich, tu nimmer bös,
[32]beschämt bin ich, belehr mich du,
tat Übles ich, ich tus nicht mehr.«

Ijob 34,21-32

Du kannst ihm nichts antun

1 Elihu entgegnete, sprach:
2 Wähnest du dieses als Recht,
sprichst du gerecht dich vor Gott,
3 wenn du sprichst: »Was frommt es dir,
was nütze ich, wenn ich nicht fehl?«
4 Ich will Worte dir erwidern,
den Freunden dein mit dir zumal:
5 Blick die Himmel an und sieh,
schau die Wolken hoch ob dir:
6 Wenn du fehlst, was fügst ihm zu,
sind viel deine Frevel, was tust ihm an?
7 Bist du gerecht, was schenkst du ihm,
was nimmt er aus deiner Hand?
8 Dein Freveln trifft nur deinesgleichen,
dein Gerechtsein Menschen nur.

Ijob 35,1-8

Er richtet den Schuldigen

1 Fortfuhr Elihu, sprach:
2 Wart ein Weilchen, so tu ichs dir kund,
denn noch hab ich Worte für Gott.
3 Ich ruf mein Wissen weit hinaus,
meinem Schöpfer schaff ich Recht.
4 Denn wahrlich, meine Worte sind kein Trug,
ein Vollkundiger vor dir steht.
5 Sieh, Gott verwirft den Trotzgewaltgen,

6läßt den Schuldigen nicht leben,
gewährt Gericht Bedrückten,
7schmälert nicht Gebeugter Recht,
läßt thronen sie mit Königen,
immerdar, daß hoch sie ragen.
8Wenn gefesselt sie mit Ketten,
gefangen sie in Elends Stricken,
9hält ihr Tun er ihnen vor,
ihr Vergehn, weil groß sie taten,
10legt der Warnung bloß ihr Ohr,
ruft vom Argen sie zurück.
11Wenn sie hören, ihm sich knechten,
im Glück sie ihre Tage enden,
in Wonnen ihre Jahre.
12Doch hörn sie nicht, so fahrn sie hin,
sterben ab im Unverstand.
13Und schnauben Wut gottfremd Gesinnte,
flehn Hilfe nicht, wann er sie fesselt,
14stirbt jung ihre Seele dahin,
ihr Leben mit geweihten Buhlen.

Ijob 36,1-14

Er prüft durch Leid

15Den Elenden durch sein Elend rettet,
durch Drangsal legt er bloß sein Ohr,
16entführt auch dich von Grabes Mund,
unbeengt du lebst und ruhst,
von Fett ist deine Tafel voll.

17 Der Bösen Recht errechte nicht,
verficht des Waisen Rechtsanspruch!
18 Achte, daß nicht Fülle dich verführt,
reich Lösegeld dich nicht verbiegt.
19 Reicht ihm dein Reichtum hin
und alle Machtverstärkung?
20 Zieh nicht heran des Richters Zorn,
daß wie Urgrundflut er steigt.
21 Hüte dich, zum Schlimmen dich nicht wende,
denn darum wardst durch Leid du geprüft.
Ijob 36,15-21

Er ist groß, uns unbegreifbar

22 Sieh, hoch ragt Gott in seiner Kraft,
wer ist wie Er der Herr?
23 Wer gebeut ihm seinen Weg,
wer sagt ihm: Du tatest bös?
24 Bedacht sei, hoch sein Werk zu preisen,
was im Lied die Menschen singen.
25 Alle Welt es schaut mit Lust,
von fern erblickts der Mensch:
26 Sieh, Gott ist groß, uns unbegreifbar,
unergründbar die Zahl seiner Jahre.
27 Wenn Tropfen er zieht aus dem Meer,
den Regen er seigert zur Flut,
28 daß niederrieselt vom Gewölk,
Gesprüh die Menschen überträuft.

29 Wer gar versteht der Wolke Schweben,
die Polsterlager seines Zelts?
30 Sieh, er breitet drauf sein Licht,
deckt zu des Meeres Wurzeln.
31 Ja, durch sie er Völker nährt
und spendet Zehr er überreich.
32 Den Blitz er in der Hohlfaust birgt,
ins Treffziel ihn befiehlt.
33 Der Donner kündet seinen Groll,
das Eifern seines Zorns der Sturm.

Ijob 36,22-33

Ihn fürchten die Menschen

14 Diesem leih, Ijob, dein Ohr,
sieh ein die Wunder Gottes!
15 Weißt du ihnen aufzutragen,
zu strahlen seiner Wolke Blitz?
16 Bist du weis der Wolkenschwebe,
der Wunder des Vollkundigen?
17 Du, dem die Gewänder glühn,
wann unterm Süd die Erde schweigt?
18 Härtest Wolken du gleich ihm,
die Festen wie gegoßnen Spiegel?
19 Laß wissen uns, was wir ihm sagen,
nichts bringen im Antlitz des Dunkeln wir vor.
20 Wird erzählt ihm, wenn er redet,
sagts jemand, wenn kund ers tut?

21Ist jetzt kein Licht zu sehn,
verdunkelt es durch Wolken,
fährt her der Sturm und fegt sie rein.
22Aus Norden Lichtglanz naht,
um Gott ein Prachtschein schrecklich!
23Allwalt – ihn fassen wir nicht,
so groß an Macht und Recht,
reich an Gerechtigkeit, er beugt sie nicht.
24Darum fürchten ihn die Menschen,
schaut all die Weisen er nicht an.

Ijob 37,14-24

Gottes Rede

Ich frage dich

1Jahwe entgegnete Ijob aus dem Wettersturm, sprach:
2Wer ist da, dunkelnd den Plan,
mit Gerede Wissens bar?
3Gürte mannhaft dir die Lenden,
ich frage dich, du tu mir kund!
4Wo warst du, als die Erd ich gegründet?
Sag an denn, so Bescheid du weißt!
5Wer hat gesetzt ihre Maße? Du weißts!
Wer hat ob ihnen die Meßschnur gespannt?
6Wohinein sind ihre Sockel gesenkt,
wer ists, der ihren Eckstein gelegt,

7 als allzumal jauchzten die Morgensterne,
jubelten all die Gottessöhne?
8 Da ich mit Toren schloß das Meer,
als brausend es dem Schoß erquoll,
9 als Wolken ich zum Kleid ihm machte,
ihm zur Windel dunklen Dunst,
10 meine Grenze ich ihm brach,
ihm setzte Schloß und Tor,
11 und sprach: »Bis hierher komm, und weiter nicht,
hier leg sich deiner Wogen Prahl!«
12 Befiehlst *du* zeit deiner Tage den Morgen,
weisest dem Frührot *du* seinen Ort,
13 daß der Erde Flügel es faßt,
geschüttelt werden die Bösen von ihr,
14 wie Siegelton sie sich verwandelt,
sich hinstellt wie ein Kleid,
15 geweigert wird ihr Licht dem Bösen,
zerbrochen wird erhobner Arm?
16 Bist zu den Quellen des Meers *du* gekommen,
gewandelt im Urgrund des Ozeans?
17 Taten die Tore des Tods sich dir auf,
schautest die Tore der Finsternis du?
18 Nahmst du die Breiten der Erde in acht,
sag an, ob ihr All du erkannt?
19 Wo ist der Weg zur Wohnstatt des Lichts,
die Finsternis, wo ist ihr Ort,
20 daß du sie einholst in ihr Gemark,
ihres Hauses Pfad sie führst?
21 Du weißt es, weil damals geboren,
gar groß die Zahl deiner Tage.

22Bist zu den Kammern des Schnees du gekommen,
hast du die Kammern des Hagels geschaut,
23den für Drangsalzeit ich gespart,
den Tag des Kampfs und der Schlacht?
Ijob 38,1-23

Weißt du ...

24Wo ist der Weg zur Winde-Scheide,
zum Austrieb des Osts auf die Erde?
25Wer furchte die Rinne der Flut,
den Weg dem Donnergewölk,
26zu regnen auf Land ohne Menschen,
auf Steppe, da niemand wohnt,
27Wüst und Wüstenei zu sättgen,
daß Grases Trieb sie sproßt?
28Hat der Regen einen Vater,
wer zeugte die Tropfen des Taus?
29Wessen Schoß entsprang das Eis,
des Himmels Reif, wer zeugte ihn?
30Wie zu Stein gerinnen die Wasser,
das Angesicht der Flut verklammt.
31Knüpfst *du* die Bande des Siebengestirns,
lösest *du* Orions Fesseln?
32Führst du zur Zeit die Hyaden heraus,
lenkst *du* die Löwin samt ihren Jungen?
33Weißt *du* die Gesetze des Himmels,
stellst *du* seine Schrift für die Erde?

[34]Hebst *du* deine Stimme zur Wolke,
daß der Wasser Schwall sie deckt?
[35]Schickst *du* die Blitze, zu gehn,
sagen sie *dir*: Sieh, wir sind da?
Ijob 38,24-35

Zählst du die Monde?

[1]Weißt *du* der Felsböcke Zeit,
wahrst *du* der Hindinnen Kreißen?
[2]Zählst *du* die Monde, die trächtig sie füllen
kennst *du* die Zeit ihres Wurfs?
[3]Sie knien, zwängen durch ihre Jungen,
entlassen die Frucht ihres Leibs.
[4]Kräftig und groß ihre Kinder gedeihn,
laufen hinaus und kehren nicht wieder.
[5]Wer entließ das Zebra frei,
Wildesels Fesseln, wer schloß sie auf?
[6]Dem die Steppe zum Haus ich bestimmte,
zur Wohnstatt die salzige Trift.
[7]Er lacht des Getümmels der Stadt,
hört nicht des Treibers Geschrei,
[8]durchspäht die Berge, seine Weid,
und forscht nach allem, was grün.
[9]Ist dir zu dienen der Büffel gewillt,
bleibt er an deiner Krippe zur Nacht?
[10]Knüpfst du ihm das Seil an der Furche,
feldert die Tale er hinter dir her?

11Traust du ihm, weil groß seine Kraft,
lässest ihm über deiner Mühsal Ertrag?
12Glaubst du ihm, er kehre wieder,
sammle dir in die Scheune die Saat?
13Freudig schlägt der Straußin Flügel –
ist es der Störchin und Falkin Schwinge?
14Gibt ihre Eier der Erde sie preis,
läßt sie im Staube sie wärmen –
15sie vergißt, daß zerdrücken ein Fuß,
des Feldes Getier zertreten sie kann.
16Hart ihre Kinder wie nicht ihre sie hält,
ob leer ihre Müh, sie schreckt es nicht.
17Denn Gott ließ sie Weisheit vergessen
und gab ihr kein Teil am Verstand.
18Im Augenblick aber, wann hoch sie schnellt,
verlacht sie Roß und Reitersmann.

Ijob 39,1-18

Im Dialog

Gürte die Lenden

1Jahwe entgegnete Ijob, sprach:
2Sträubt sich der Allwaltstreiter,
der Gottankläger, entgegnet er?
3Ijob entgegnetet Jahwe, sprach:
4Sieh, ich erliege. Was antwort ich dir?
Die Hand ich mir leg auf den Mund!

5 Hab einmal geredet, entgegne nimmer,
zweimal, ich tu es nicht mehr.

6 Jahwe erwiderte Ijob aus dem Wettersturm, sprach:
7 So gürte dir mannhaft die Lenden,
ich frage dich, du tu mir kund:
8 Nichtigst du wirklich mein Urteil,
sprichst schuld mich, daß recht du behältst?
9 Hast einen Arm du wie Gott,
dröhnst wie er mit Donnerhall?
10 Schmück mit Hoheit dich und Hehre,
in Prunk und Pracht dich gewande!
11 Schütt aus deines Zornes Gewalle,
schau an alles Hohe und senks,
12 schau an alles Hehre und beugs,
haue die Frevler hinab,
13 steck in den Staub sie zusamt,
bann ihr Gesicht ins Verließ!
14 Auch ich lobe dich dann,
weil Sieg deine Rechte dir schafft.

Ijob 40,1-14

Ich habe erkannt

1 Ijob erwiderte Jahwe, sprach:
2 Ich habe erkannt, daß alles *du* vermagst,
und kein Ersinnen deiner sich wehrt.
3 Wer ist da des Rats Verdunkler
mit Worten des Erkennes bar? Darum:
Du zeigtest mir Großes, so ich nicht verstehe,
mir Wunder zu hoch, so ich nicht erkenne.

4So hör, und ich rede,
ich frage dich, du tu mir kund.
5Vom Hörensagen ich hörte von dir,
doch jetzt mein Auge dich schaute –
6Ob dem ich schmelze hin
und stöhn in Staub und Asche.
Ijob 42,1-6

Zum Beispiel Ijob

Gründiges hat er gesprochen

7Es geschah, nachdem gesprochen Jahwe diese Worte
zu Ijob, daß sprach Jahwe zu Elifas aus Teman: Entbrannt
ist mein Zorn auf dich und deine zwei Freunde,
denn ihr spracht über mich nichts Gründiges wie
mein Knecht Ijob.
8Und nun, nehmt euch sieben Stiere und sieben Widder,
geht hin zu meinem Knecht Ijob, bringet für
euch ein Brandopfer dar, und Ijob, mein Knecht,
fürbitte ob euch, denn ihn nur nehme ich freundlich
auf, daß ich die Schande nicht tue an euch, weil
ihr über mich nichts Gründiges spracht, wie mein
Knecht Ijob.
9Da gingen Elifas aus Teman, Bildad aus Schuach
und Zofar aus Naama und taten, wie Jahwe ihnen
gesagt. Und Jahwe nahm freundlich auf Ijob.

10Da wandte Jahwe zur Wende Ijob, mit seinem Für-
bitten ob seinen Freunden, und mehrte Jahwe zum
Zwiefachen allen Besitz des Ijob.
11Nun kamen zu ihm alle seine Brüder, alle seine
Schwestern und alle, die von früher ihn kannten, und
aßen Brot mit ihm in seinem Hause. Sie zeigten ihm
Leid und trösteten ihn, ob all dem Bösen, das Jahwe
über ihn hat kommen lassen. Ein jeder gab ihm eine
Kesita, und jeder einen goldenen Ring.
12Jahwe aber segnete das Ende Ijobs mehr denn seinen
Anfang. Da ward sein Besitz: vierzehntausend Scha-
fe, sechstausend Kamele, tausend Gespann Rinder
und tausend Eselinnen.
13Und wurden ihm sieben Söhne und drei Töchter.
14Er rief den Namen der ersten Täubchen, den Namen
der zweiten Zimmet, den Namen der dritten
Schminkhörnchen.
15Und nirgends auf der ganzen Erde fanden sich Wei-
ber so schön wie die Töchter des Ijob. Ihr Vater gab
ihnen Erbbesitz inmitten ihrer Brüder.
16Gelebt hat Ijob noch hundertvierzig Jahr. Er sah seine
Kinder, und seiner Kinder Kinder, vier Geschlechter.
17Und dann starb Ijob, alt und satt an Tagen.

Ijob 42, 7-17

XII. Jahr um Jahr

Unsere Tage recht zu zählen
– laß es uns wissen,
daß wir ein weises Herz bekommen.
Psalm 90,12

Mein Gott! DU bist mir,
DU ruf ich dich –
Person zu Person,
Ich – DU
sprech' ich zu dir ….
Wie ein Baruch Spinoza,
ein Pantheist,
glaube, fühle, sehe und denk' ich
deine Präsenz in allen Dingen,
aber du bist mir nicht
das *hen kai pan*,
du bist in ihm, und es ist in dir,
aber du bist mir größer,
erhaben darüber,
dein Leben durchpulst
das All der Dinge,
aber du trägst es in Händen …
Fridolin Stier

Versagen und Vertrauen

Wen habe ich in den Himmeln?

1 Gewiß, gut ist Gott zu Israel,
zu denen, die lauteren Herzens!

2 Ich aber: Fast bogen ab meine Füße,
schier traten meine Schritte ins Leere.
3 Denn neidisch war ich auf die Prahler,
da ich das Heil der Frevler sah.
4 Denn für sie gibts keine Qualen,
gesund und feist ist ihr Wanst.
5 In Menschenmühsal sind sie nicht,
des Menschen Plage trifft sie nicht mit.
6 Darum schmückt Hoffahrt ihren Hals,
hüllt sie Gewalt wie eine Tracht,
7 tritt aus Fett ihr Blick hervor,
ziehn drüber hin des Herzens Eingebilde,
8 reden sie von unten voll Bosheit,
reden sie Verkehrtes von oben,
9 setzen an den Himmel ihr Maul,
ergeht sich ihre Zunge auf Erden.
10 Drum kehrt mein Volk sich ihnen zu,
schlürfen sie Wasser in Fülle
11 und sprechen: Wie wüßte es Gott?
Gibt es ein Wissen beim Höchsten?
12 Ja, die da: Frevler sind sie,
doch in Frieden all die Zeit, zu Macht gelangt!

13 Gewiß, umsonst hielt ich lauter mein Herz
und wusch meine Hände in Unschuld!

14Und war doch geplagt den ganzen Tag,
gezüchtigt Morgen um Morgen.
15Hätt ich gesagt: Auf, ich erzähl, wie das ist!
verraten hätte ich deiner Söhne Geschlecht.
16Da ich gedachte, dies zu erkennen –
Qual war es in meinen Augen,
17bis ich in Gottes Heiligtümer kam,
ich auf ihr Letztes merkte:
18Nur auf Schlüpfriges stellst du sie,
läßt sie in Täuschungen fallen.
19Wie werden im Nu sie zu Schauder,
sind hin, sind fertig vor Schrecken!
20Wie einen Traum nach dem Aufwachen,
mein Herr
wenn du dich rührst, verwirfst du ihr Bild.
21Da es sauer im Herzen mir war,
es in die Nieren mich schnitt,
22war dumm ich und wußte ich nichts,
ein Vieh war ich bei dir!

23Und ich bin doch stets bei dir,
du hältst meine Rechte gefaßt,
24in deinem Rate lenkst du mich,
nimmst mich zuletzt in Herrlichkeit dahin.

25Wen habe ich in den Himmeln?
Bei dir doch – verlangt mich nach der Erde nicht.
26Schwindet hin mein Fleisch und Herz
mein Fels und Teil ist Gott – in alle Zeit.
27Denn so ists: Die fern von dir, gehn zugrunde,
stumm machst du jeden, der mit dir bricht.

28 Ich aber: Gott nahen ist mir das Glück!
In meinen Herrn, Jahwe, setze ich meine Bergung,
um all seine Waltungen zu erzählen.

Psalm 73

Gedenke doch, mein Volk!

2 Hört, ihr Berge, den Streit Jahwes,
und allwährende ihr, Grundfesten der Erde.
Denn Streit hat Jahwe mit seinem Volk,
geht mit Israel ins Gericht:

3 Mein Volk, was hab ich dir getan,
womit dich verdrossen? Antworte mir!
4 Ich habe dich heraufgebracht vom Land Ägypten,
hab aus dem Haus der Knechtschaft dich erkauft,
und habe Mose vor dir her,
Aaron und Mirjam gesandt.
5 Mein Volk, gedenke doch:
Was hat Balak geplant, der König von Moab,
was geantwortet ihm Bileam, der Sohn Beors,
und was geschehen ist von Schittim bis Gilgal!

Micha 6,2-5

Mit Stricken der Liebe

1 Als jung war Israel, hab ich ihn liebgewonnen,
hab aus Ägypten meinen Sohn gerufen.

3 Ich hab – Efraim hab ich auf die Füße gestellt,
gefaßt an den Armen, doch sie merkten es nicht,
da ich locker sie hielt.
4 Mit Menschenbanden zog ich sie,
mit Stricken der Liebe,
und ward ihnen wie jene,
die den Säugling an die Wangen heben,
ich neigte mich ihm zu und nährte ihn.

8 Wie könnte ich dich hingeben, Efraim,
wie dich verraten, Israel?

Hosea 11,1.3-4.8

Sag es den Städten Judas

9 Steig einen hohen Berg hinan, Frohbotin Zion!
Erhebe mit Macht deine Stimme,
Frohbotin Jerusalem,
erhebe sie, fürchte dich nicht!
Sag es den Städten Judas an:
Seht da – euer Gott!
10 Seht da – mein Herr Jahwe! Er kommt in Macht,
und ihm waltet sein Arm.
Seht da – sein Lohn mit ihm,
ihm voraus sein Werkerwerb:
11 Wie ein Hirt, der seine Herde weidet,
in seinem Arme Lämmlein sammelt
und sie am Busen trägt,
Mutterschafe sorglich lenkt.

Jesaja 40,9-11

Kein Gott außer dir

Macht seine Herrlichkeit kund

[1]Singt Jahwe einen neuen Sang,
singt Jahwe, ihr Lande all,
[2]Singt Jahwe, sprecht segenmächtig seinen Namen,
kündet von Tag zu Tag seine rettende Tat.
[3]Bei den Völkern macht seine Herrlichkeit kund,
seine Wunder bei allen Nationen!

[4]Ja, groß ist Jahwe und hoch zu rühmen
zu fürchten nur er über allen Göttern.
[5]Denn: alle Götter der Völker – nur Nichtse!
Jahwe aber hat die Himmel gemacht.
[6]Hoheit und Glanz vor ihm her,
Macht und Pracht in seinem Heiligtum.

[7]Jahwe sprecht zu, ihr Sippen der Völker,
Jahwe sprecht zu: Würdenschwere und Macht.
[8]Jahwe sprecht zu: die Hoheit seines Namens.
Tragt Gaben herbei und kommt in seine Höfe.
[9]Vor Jahwe werft euch nieder
im Aufschein der Heiligkeit.
Erschaudert all ihr Lande vor seinem Angesicht.
[10]Sagt an bei den Völkern: Jahwe ist König!
Ja, festgefügt steht, ohne Wank die Welt.
Nach Billigkeit spricht er das Urteil den Völkern.

[11]Der Himmel sich freue, aufjauchze die Erde,
es dröhne das Meer samt seiner Fülle.

12 Lustlache die Flur mit all ihrem Gesproß,
alle Bäume des Waldes sollen frohlocken
13 vorm Angesicht Jahwes, da er kommt,
da er kommt die Erde zu ordnen.
Er ordnet die Welt nach Recht,
die Völker nach seiner Treue.

Psalm 96

Nah ist dein Name

2 Wir loben, dich, Gott, dich loben wir!
Nah ist dein Name denen, die deine Wunder erzählen.

3 Ja, ich ergreife die Frist,
ich richte in Geradheit.
4 Mag wanken die Erde und all ihre Sassen,
ich, ich gründe fest ihre Pfeiler.
5 Ich sage den Tollen: Treibt es nicht toll,
den Frevlern: Erhebt nicht das Horn,
6 erhebt nicht so hoch eure Hörner,
sprecht nicht mit hochgerecktem Hals!

7 Denn nicht vom Aufgang und vom Abend her,
nicht von der Wüste kommen die Hohen.
8 Nein, Gott ist Richter:
Den erniedrigt und den stellt er hoch.
9 Denn ein Becher ist in der Hand Jahwes,
es schäumt der Wein, Gewürzes voll,
draus flößt er ein seine Hefe
schlürfen müssen ihn alle Frevler der Erde.

[10]Ich aber künde hinein in die Zeit:
Ich will singen dem Gott Jakobs.

[11]Und alle Hörner der Frevler zerhaue ich,
erheben will ich das Gehörn des Gerechten.
Psalm 75

Die Himmel erzählen

[2]Die Himmel erzählen die Herrlichkeit Gottes,
das Werk seiner Hände kündet die Wölbe:
[3]Tag dem Tage Wort zusprudelt,
Nacht der Nacht Erkenntnis raunt.
[4]Ohne Red und ohne Worte,
unhörbar ist ihr Gelaut.
[5]In alles Land fährt aus ihr Schall,
ans End des Erdrunds ihr Sagen.
Der Sonne hat er aufgestellt ein Zelt in ihm –
[6]wie ein Bräutigam fährt sie aus ihrer Kammer,
jauchzt wie ein Held im Laufen die Bahn:
[7]Vom End der Himmel fährt sie aus
und ihre Kehr an deren Säumen.
Und nichts sich birgt vor ihrer Glut.
Psalm 19,2-7

Hebt euch hoch uralte Pforten

1 Jahwes ist die Erde, und ihre Fülle,
das Festland und seine Sassen.
2 Denn: Er hat sie auf Meeren gegründet,
auf Strömen fest sie gefügt.

3 Wer darf steigen zum Berg Jahwes,
wer stehn an seiner heiligen Stätte?
4 Wer reiner Hände und lauteren Herzens,
wer nicht auf Falsch sein Sinnen richtet
und nicht zum Truge schwört.
5 Von Jahwe empfängt er Segen,
Heil von Gott, seinem Retter.
6 Die sind das Geschlecht derer, die ihm nachfragen,
derer, die dein Angesicht suchen, Gott Jakobs.

7 Hebt ihr Tore eure Häupter,
hebt euch hoch, ihr uralten Pforten!
Es komme der hoheitstrahlende König!
8 Wer ist der hoheitstrahlende König?
Jahwe ists, der Starke und Held!
Jahwe ists, der Held im Kampf!

9 Hebt ihr Tore eure Häupter,
hebt hoch, ihr uralten Pforten!
Es komme der hoheitstrahlende König!
10 Wer ist der hoheitstrahlende König?
Jahwe der Scharen!
Er ist der hoheitstrahlende König!

Psalm 24

Preist ihn mit Pauke und Tanz

1 Halleluja! Preist Gott in seinem Heiligtum,
preist ihn am Gewölb seiner Macht.
2 Preist ihn in seinen Gewalten,
preist ihn in seiner Erhabenheit Fülle.
3 Preist ihn mit dem Stoß der Posaune
preist ihn mit Harfe und Leier.
4 Preist ihn mit Pauke und Tanz,
preist ihn mit Saiten- und Flötenspiel.
5 Preist ihn mit Zimbelschall,
preist ihn mit Zimbelgeschmetter.
6 Alles, was atmet, preise Jahwe,
Halleluja.

Psalm 150

Nachwort der Herausgeberinnen

Fridolin Stier – geboren 1902 in Karsee im schwäbischen Allgäu, gestorben 1981 in Tübingen – war Alttestamentler. Das Alte Testament blieb die Grundmelodie seines Lebens – auch wenn er sich zeitenweise mit anderem beschäftigte: den griechischen Klassikern zum Beispiel, der Musik Bachs oder Mozarts, oder den spanischen und islamischen Mystikern, mit modernen Sprachen, altorientalischen und iranischen Texten und – nicht selbstverständlich für einen Alttestamentler – mit dem Neuen Testament: Seine aus dem Nachlaß herausgegebene Übersetzung – Kösel/Patmos 1989 – wurde mit Aufmerksamkeit und breitem Interesse aufgenommen.

Als Professor hielt Stier Vorlesungen und Seminare über das Alte Testament und orientalische Grenzgebiete. Er reiste zu Vorträgen vor unterschiedlichem Publikum und sprach im Radio. In seinem »alttestamentlichen Nachlaß« – den Quellen für dieses Buch – spiegeln sich fast fünfzig Jahre immer neuer Annäherung:

Da ist eine Übersetzung des Hohen Liedes aus seiner ersten Zeit an der Universität, Bruchstücke von Übersetzungen aus Vorlesungen über Kohelet und Jona, Psalmen, die zum Teil als »Gesprochene Schrift« auf einer Schallplatte veröffentlicht wurden (Patmos 1965), zum anderen Teil – im Gegenüber mit dem hebräischen Text – kunstvoll auf Einzelblättern geschrieben ihre Liebhaber fanden, andere, die zum Thema eines Vortrags oder Aufsatzes wurden. Es sind Prophetentexte, in einem Gebetbuch veröffentlicht (Kösel 1965), oder aus einem Rundfunkprojekt für die Adventszeit gesprochen; eine Übersetzung des Buches Jeremia (handschriftlich mit vielen Anmerkungen); dazu mancherlei Einzeltexte. Und das Buch Ijob (veröffentlicht: Kösel 1954),das Fridolin Stier in einer immensen Anstrengung – vom ersten bis zum letzten Vers durchgehalten – aus der zerredeten Sprache der Theologen und Theologien löste und in seine ursprüngliche Ungeheuerlichkeit »übertrug«.
Immer waren es die Propheten, die Gotteskämpfer, die »Opfer des Worts«, die Stier herausforderten und faszinierten. Er führte seinen Kampf gegen das pragmatisch auf ein paar hundert Worte reduzierte Alltagsdeutsch – aber ebenso gegen die definitionssüchtige bildarme Sprache der Wissenschaft, wie sie einer auf sterile »Wahrheit« bedachten Theologie zu Diensten ist.
Der Kampf mit der Sprache geriet Fridolin Stier zum Kampf für Gott, um ihm – dem definierten, handlichen, bekannten – das Wort in seiner Schauder und Liebe provozierenden Fremdheit zurückzugeben...

Die Vielfalt der Vorgaben spiegelt sich in diesem Buch. Die einzelnen Texte wurden – ungeachtet der Spuren, die auf Umstände und Anlässe ihrer Entstehung zurückgehen – in der vorliegenden Form übernommen.

Eine relativ unbedeutende Ausnahme bildet die Schreibweise der biblischen Namen. Sie wurden vereinheitlicht, wie Fridolin Stier selbst es in seinen späteren Texten tat, den ökumenisch vereinbarten »Loccumer Richtlinien« angepaßt. Das betrifft vor allem Ijob, den Stier in seiner Übersetzung (1954) Ijjob, an anderer Stelle Ijob – oder Hiob nennt. Der Gottesname (in den Vorlagen je nach Anlaß »Herr«, JHWH, Jahwe oder ER) wird einheitlich mit Jahwe wiedergegeben – ausgenommen die griechisch überlieferten Texte von Daniel; dort heißt es wie im Griechischen: Herr.

Im übrigen wurden die Texte weder vereinheitlicht, noch geglättet. Man merkt es ihnen an, daß sie nicht zur selben Zeit entstanden sind. Der jeweils neue »Einstieg« prägt den Sprachduktus. Texte aus der Frühzeit (etwa das Hohelied) lesen sich anders als die zuletzt entstandenen (einzelne Psalmen und Prophetentexte). Manches läßt sich nur schwer historisch- biographisch dingfest machen.

Die Form der je kleinen Sinneinheit schien der Eigenart der »Quellen« angemessen. Sie entspricht auch dem Ziel dieser Sammlung: den »Adressaten« – Freunden Fridolin Stiers und Gleichgesinnten – einen Teil seiner alttestamentlichen Übersetzung zugänglich zu machen.

Register der biblischen Stellen

(E) = Motto, Kapitel-Eingangsseite

Nachweis der Veröffentlichungen

Die Texte von Fridolin Stier wurden mit freundlicher Genehmigung des Verlages Herder, Freiburg i. Br. entnommen aus:

S. 15 Fridolin Stier, An der Wurzel der Berge. Aufzeichnungen II. Hrsg. von Karl H. Seidl, Verlag Herder, Freiburg i. Br. 1984, 216.

S. 31 Fridolin Stier, Vielleicht ist irgendwo Tag. Aufzeichnungen, Verlag Herder, Freiburg i. Br. ^{6}1993, 55.

S. 55 –, Vielleicht ist irgendwo Tag, a. a. O., 345.

S. 64 –, An der Wurzel der Berge, a .a. O., 238 f.

S. 85 –, Vielleicht ist irgendwo Tag, a. a. O., 347 f.

S. 137 –, Ebd., 112.

S. 151 –, Ebd., 87.

S. 179 –, An der Wurzel der Berge, a. a. O., 28.

S. 196 –, Vielleicht ist irgendwo Tag, a. a. O., 18 f.

S. 209 –, Ebd., 383.

S. 235 –, An der Wurzel der Berge, a. a. O., 188 f.

S. 253 –, Ebd., 128 f.